FIGURES DE FEMMES

Marie-Edmée intime

PAR

Mlle Marie PESNEL

Marie-Edmée Intime

MARIE-EDMÉE PAU
Sœur du général PAU
(1845-1871)

FIGURES DE FEMMES

MARIE-EDMÉE INTIME

PAR

Mlle MARIE PESNEL
(MYRIAM)

PARIS
LIBRAIRIE DES SAINTS-PÈRES
(P.-J. BÉDUCHAUD, ÉDITEUR)
83, Rue des Sts Pères, 83

1911

En préparation :

Lettres inédites de Marie-Edmée

1 volume in-12

MARIE-EDMÉE
INTIME

I
L'ENFANT

Je crois beaucoup à la puissance des liens naturels : qu'est-ce donc quand la mère qu'on a reçue est celle qu'on eût choisie ?..

(M. Guizot).

L'héroïque jeune fille dont nous essayons d'esquisser l'idéale figure, naquit à Lyon, la cité de Marie, où son père tenait garnison, le 16 Novembre 1845. Par ses origines familiales, elle appartenait à la Lorraine et au pays cévenol ; ce mélange de deux races très dissemblables, mais l'une et l'autre fortes et résistantes, lui imprima, dès le plus jeune âge, une originalité de bon aloi.

Dans l'antique chapelle de Notre-Dame-de-Fourvière où trop de magnificence ne venait point distraire la piété des fidèles, Madame Pau alla consacrer son enfant à l'Auguste Mère de Dieu, et celle-ci, miséricordieusement condescendante, accepta comme sienne, cette jeune créature qu'elle ne cessa jamais de couvrir de sa maternelle protection.

Aussitôt que s'éveilla son intelligence, et cet éveil eut lieu de bonne heure, Marie-Edmée montra un sérieux et un calme peu ordinaires chez un petit enfant. Elle n'avait pas encore quatre ans que, dans le langage inintelligible des tout petits, pareil au gazouillis des oiseaux et que seules comprennent les mères ravies, elle se plaisait à répéter le mot PERFECTION.. Certes, elle n'en pouvait soupçonner la haute signification, mais ce mot l'avait frappée et peut-être, à son intelligence encore dans les limbes, disait-il des choses douces et mystérieuses qu'elle devait, un jour, traduire si admirablement dans sa conduite.

Trois ans plus tard, un incendie éclate dans la maison occupée par ses parents ; les locataires se précipitent pour arracher aux flammes ce qu'ils ont de plus précieux: Marie, un instant effrayée et interdite par ce désarroi, se ressaisit, et court mettre en sûreté la statuette de la Sainte Vierge qui reçoit sa prière quotidienne, et reprend son habituelle sérénité.

C'est Madame Pau, femme vraiment supérieure et par l'intelligence et par le cœur, qui surveille l'éclosion et le développement des admirables facultés de sa fille, elle qui, d'une main ferme et douce redresse quelque pli défectueux, élague les branches parasites et, par une vigilance et une tendresse inlassables, féconde un terrain que Dieu a si bien préparé.. Un triste événement lui donne, plus tôt qu'elle ne l'eût espéré, un collaborateur dans sa tâche d'éducatrice : en 1849, le Capitaine Pau dut quitter le service, à la suite d'une grave maladie, contractée au siège de Rome. Voué désormais à une complète inaction et à une quasi immobilité, il est rentré à Nancy, ville natale de sa femme ; pendant sept ans, il restera ainsi, espérant vaguement une guérison impossible.

Dans la mesure de ses forces déclinantes, lui aussi s'occupe de sa fille, avec un intérêt passionné, et son lit de douleur est la chaire d'où il professe. C'est là que la fillette apprend à lire, à écrire, à compter et surtout à penser. Sa vive intelligence qui veut tout comprendre, tout pénétrer, les élans contenus de son ardente sensibilité, ses merveilleuses dispositions artistiques et, plus encore que tout cela, sa tendresse filiale qui se traduit par mille gentillesses, ravissent le pauvre infirme, et sont comme les derniers rayons du soleil qui embrasent la fin d'un jour d'automne.. Marie-

Edmée seconde sa mère dans les soins à donner au malade, son cœur aimant lui suggère les plus délicates attentions, et Madame Pau a pu écrire en toute vérité que " Marie-Edmée commençait son rôle d'ange gardien ".

Nul doute que cette existence de recluse, dans une atmosphère de souffrance et de tristesse, loin des plaisirs et des jeux un peu bruyants de l'enfance, n'aient eu sur la fillette une profonde et durable influence. Elle fit alors l'apprentissage du sacrifice, et contracta l'habitude de se gêner, de s'oublier pour les autres.

Son aïeul maternel avait été garde du corps, et il se plaisait à raconter à sa petite fille, auditrice toujours charmée, les grands souvenirs de cette époque lointaine; d'un autre côté, le Capitaine l'entretenait de ses campagnes et des combats auxquels il avait assisté. Il n'est donc pas étonnant que bercée, en guise de contes de nourrice, par ces récits guerriers et patriotiques, Marie-Edmée ait senti, dès sa plus tendre enfance, un souffle d'héroïsme passer sur son âme, et y déposer les germes de dévouement et d'immolation qui devaient, un peu plus tard, produire une floraison si magnifique.

Quelques excursions aux environs de Nancy égayaient cette sombre existence et venaient en rompre la monotonie. Elle comptait à peine quatre à cinq ans qu'agenouillée aux côtés de sa mère, dans la splendide église de Saint-Nicolas-du-Port, elle goûtait d'une façon imprécise, quoique très douce, les mystérieuses beautés des cérémonies religieuses et l'exquise paix qui émane des sanctuaires catholiques. « Je ne savais pas réciter correctement mon chapelet, mais, je tressaillais de bonheur à l'appel des cloches de la prière du soir. »

Il y avait aussi des joies moins austères, plus en rapport avec son âge ; à Roménont, la maison familiale hospitalière, on se livrait à de folles parties de plaisir, on faisait de superbes promenades, des dînettes sur l'herbe avec les cousins et les cousines.

La précoce maturité de Marie-Edmée ne la mettait point à l'abri de certains enfantillages, et nous la préférons ainsi, gardant sa naïve simplicité et n'ayant rien des petits prodiges. Elle appréhendait et désirait tout ensemble ce qu'elle nommait, dans son langage enfantin, *l'âge à deux chiffres*, âge qui représentait sans doute à ses yeux quelque chose de solennel, d'un peu effrayant même.

Elle venait à peine d'atteindre l'âge de dix ans qu'un grand changement s'opéra dans son existence ; soit que le cher malade eût besoin d'un repos plus complet, soit tout autre motif, elle fut envoyée en qualité de demi-pensionnaire, à la succursale du Sacré-Cœur... La discipline, bien qu'assez douce, la règle qu'il fallait observer, la méthode d'enseignement, très différente de celle employée par ses parents, tout la déroutait et lui causait un vague malaise. Quoiqu'entourée de fillettes de son âge et deson monde, qui toutes s'efforçaient de la distraire et de l'entraîner dans leurs rondes joyeuses, elle se sentait isolée, et un soupir gonflait sa poitrine lorsqu'elle songeait au jeune frère resté à la maison et pour qui elle était une vraie petite maman.

Huit jours après son entrée au pensionnat, le 2 février 1856, Marie Edmée devenait orpheline, Monsieur Pau était entré dans son éternité. Le cœur de l'enfant fut déchiré par ce premier deuil et l'impression profonde qu'elle en éprouva ne devait jamais s'effacer...

Neuf ans plus tard, à la veille de la date funèbre, elle écrit :

« Il est quatre heures, le jour est triste, grisâtre, je rentre en moi-même et de là je regarde... Il y a neuf ans, j'étais petite fille, à genoux dans un coin de la salle où l'on administrait l'Extrême-Onction à mon pauvre père.. je pleurais, parce que l'autre vie s'ouvrait terrible devant moi, je comprenais qu'il y avait là un mystère, le plus solennel de tous, le terme d'une vie humaine, d'une épreuve, l'heure du jugement, l'heure qui contient la réponse à l'éternel pourquoi. — Pourquoi la création, la rédemption, les sacrements, la marche des astres, le soleil qui donne et retire le jour ? Pourquoi la douleur qui nous broie, le malheur qui nous écrase, la foi qui nous fortifie, l'espérance qui nous console, l'amour qui nous attire, nous embrase, nous donne et nous retire le peu de bonheur qui fait rêver le Ciel ?... Tout cela pour aboutir à cette heure unique, qui sauve ou qui perd... Et je pleurais d'épouvante en regardant ce lit de souffrance d'où mon pauvre père allait retourner.. où... Mais, Seigneur, vous êtes plein de miséricorde, j'espère en vous à cause de vos promesses..? (1) »

Six mois après la mort de son père, Marie Edmée disait adieu aux Religieuses du Sacré-Cœur et revenait près de sa mère, qui allait

(1) Journal inédit.

continuer et parachever son éducation.

Nous regrettons de n'avoir aucun détail précis sur la première communion de notre héroïne, nul doute qu'elle ne l'ait faite avec la piété d'un séraphin ; nous n'en voulons pour preuve que ses élans d'amour alors que, plus tard, elle s'approchait du céleste banquet.

« J'ai communié, je suis heureuse au-delà de tout. (1) »

« Je n'oserai plus envier, ni Jean, ni Madeleine, car si je ne puis voir l'admirable beauté de mon Dieu, je vais m'unir à sa beauté morale bien plus intimement que ne l'ont pu faire aucun de ses disciples avant la Cène. O Christ ! vous n'avez plus à rivaliser avec un amour humain, fût-il le plus doux et le plus pur, car notre âme ne peut communier qu'avec vous, et plus elle se dilate, plus elle aspire à s'élever et à se fondre dans l'amour... (2) »

Et cette tendre exhortation à son frère, n'est-elle pas une preuve irréfragable de la place que cette fête unique occupait dans son cœur ?

« ...N'oublie pas que jeudi prochain, 29 Mai, est l'anniversaire de ta première Communion..

(1) Journal inédit.
(2) Méditations inédites.

Il faut cultiver les bons souvenirs, ils sont parfois la semence des vertus, tu ne peux recueillir que de salutaires pensées en évoquant le plus beau jour de ta vie... (1) »

Peu de temps après la première Communion de Marie-Edmée, date qui est plus du ciel que de la terre, quelqu'un cueillit une branche de lys pour la jeune fille, elle prit un des pétales de la fleur virginale et le plaça dans son livre de prières. Chaque année, à la même époque, elle remplaçait le fleuron jauni et desséché, par un fleuron nouveau, tout embaumé.

« Cette fleur, écrit-elle, était pour moi, (et le mot n'est-il pas charmant ?) comme l'encensoir du grand jour. »

---

(1) Lettre inédite à son frère.

II

LA CHRÉTIENNE LA FÉMINISTE

« Il est une manière de se donner complète, entière, absolue qui ne peut se pratiquer qu'avec Dieu. »

(Monseigneur LANDRIOT)

Le cœur humain renferme des abîmes insondables et aspire à un bonheur infini ; un poète l'a dit : « Il est trop grand, rien ne l'emplit », c'est tout à la fois sa gloire et son tourment. Marie-Edmée le comprit et le sentit avant l'âge, et, pressentant qu'aucune créature ne pourrait combler ce vide ni satisfaire cet impérieux besoin, elle se tourna vers une Beauté supérieure, un idéal divin, vers Dieu qui, seul, est plus grand que notre cœur.

« Seigneur, mon cœur est prêt, je veux aimer, parce que votre divine parole m'a fait entendre le commandement nouveau que vous avez Vous-même apporté à la terre, parce que votre voix a éveillé dans mon âme un écho fidèle et plus pur que le cri naturel du cœur humain. » (1)

(1) Méditations inédites.

La piété très sincère, très ardente de la jeune fille n'était entachée ni de mesquinerie, ni d'intolerance, et l'inclinait, au contraire, vers l'indulgence et la pitié... Voyons ce qu'elle écrit à ce sujet dans ses Méditations, méditations que, suivant la méthode conseillée par le Père Gratry, elle faisait la plume à la main. Elle interroge notre Seigneur sur l'amour dû au prochain et lui fait répondre ce qui suit :

« ...Le dévouement ? Oui, tu le dois à tous, et pour te rendre capable de faire ton sacrifice, non sans douleur, avec la passion de la mère ou du patriote, mais de l'accomplir avec autant de générosité qu'eux, pénètre-toi de mon amour. Cherche dans toute créature, la beauté, la bonté, le charme dont la plus méprisable n'est point complètement dépouillée, et détourne les yeux du reste.

Quand tu vois pleurer, évoque le souvenir de tes douleurs, et panse chez les autres la blessure qui saigne en toi ; mais surtout, puisque tu m'aimes, rappelle-toi que j'aime cette âme autant que la tienne. Je suis mort pour vous, et comme je sais que l'amour veut donner plus encore que recevoir, moi, le Maître de tout, moi qui, maintenant, suis impassible et glorieux, je t'offre de me soulager, de me soutenir, de me donner du bonheur, en la personne de mes amis les pauvres et les souffrants. Ce que tu feras au plus petit d'entre eux, c'est à moi-même que tu l'auras fait... » (1)

Après avoir constaté que l'amour humain est toujours défectueux, incomplet, et que la mort en est infailliblement le terme, elle s'écrie :

« O amour humain, va, tombe dans cette fosse, et laisse-moi te quitter, car je brûle d'une soif encore plus ardente, car la faim me dévore et je veux être rassasiée. L'amour qui faisait battre mon cœur à le rompre n'avait rien de commun avec toi, sinon d'animer un corps mortel; maintenant, laisse moi déployer mes ailes et, en plein soleil, m'élancer vers Celui qui a vaincu la mort... Venez, Seigneur Jésus, Beauté toujours ancienne et toujours nouvelle, j'ai commencé trop tard à vous aimer !... » (2)

Nulle puérilité, nulle mièvrerie dans sa piété ; écoutez ce passage : « Quand suis-je faible, ô mon âme ? C'est quand oubliant la

(1) Méditations inédites.
(2) Ibid.

noblesse de mon origine, il m'arrive de rentrer en moi-même et de m'y endormir dans une vague sensation de la vie. L'expression ordinaire de cet état, c'est la paresse et la routine, c'est-à-dire une activité instinctive, sans but et sans intérêt. Alors si le mal nous rencontre, on le subit, si le bien est proche, on le néglige ; l'intelligence s'engourdit et on s'abandonne à la stérilité de l'égoïsme... »

Elle termine par cette superbe apostrophe qui éclate comme l'appel d'un clairon : « Eveille toi, sentinelle de mon âme, et ne forfais plus à ton devoir, pousse le qui vive au moindre bruit, car c'est peut-être le Sauveur ou l'ennemi qui rôde autour du camp !... (1) »

Sa vie, bien courte, est un effort continuel pour s'élancer vers les sommets, pour monter toujours plus haut, loin des fanges et des brouillards d'ici-bas. Elle avait fait sienne la devise de la bienheureuse Jeanne d'Arc : « Vive Labeur ! » Elle eût pu y adjoindre celle-ci, que l'Eglise redit chaque jour, au divin sacrifice : « Sursum Corda » tant les cîmes l'attiraient.

La note caractéristique de sa piété, c'est le désir toujours plus intense, à mesure qu'elle

(1) Méditations inédites.

avance dans la vie, de son perfectionnement moral ; elle s'étudie, non sans quelque sévérité, afin de modifier ou de réformer ce qui n'est pas dans l'ordre ; presque chaque page de son journal peut nous initier à ce travail intérieur. Marie-Edmée ne s'abandonne pas à de vaines spéculations, elle ne se berce pas de mots ni de belles théories sans résultat ; elle agit et prend les moyens d'arriver au but.

« Puissé-je, ô mon Dieu, écrit-elle à l'âge de quinze ans, mener une vie véritablement pieuse, une vie charitable qui fasse aimer par moi la religion à ceux qui m'entourent, et puisque vous avez fait luire la lumière de votre Esprit de vérité dans mon âme, accordez-moi la grâce de mettre en pratique les saintes maximes de l'Evangile !... » (1)

Deux ans plus tard : « Sauver mon âme, voilà quelle est la seule affaire sérieuse de ma vie, et je crois la rendre assez utile ainsi. Quant à mes actes, qu'ils soient petits, obscurs, ignorés, qu'importe !... Dieu est là-haut qui compte mes désirs et pèse mes intentions... (2) »

Avec quelle mâle vigueur et quelle suavité tout ensemble, elle s'hexorte à la pratique de

(1) Journal.
(2) Ibid.

la vertu, à la vigilance sur elle-même. « Je t'en prie, mon cœur, sois doux à l'égard de tous ; mes pieds ne m'arrêtez plus quand un service à mes frères me réclame ; vous mes mains, soyez caressantes aux petits et affectueuses pour tous les âges ; toi, mon regard... ah ! c'est toi qui pèches contre la douceur... plus de fierté, plus de froideur et surtout plus d'indifférence volontaire, lève-toi vers la Patrie, vers la Beauté suprême et, rafraîchi par cette vision rapide, tu pourras sans crainte te reposer ici-bas, sûr de réfléchir la douceur d'une âme chrétienne, disciple d'un Dieu doux et humble de cœur... (1) »

Ailleurs : « Si notre faiblesse nous permet de dire à notre adorable Modèle : Seigneur, je ne puis être doux, humble et chaste comme vous, voilà qu'une innombrable légion d'êtres semblables à moi se lèvent et me disent : Ne pourrais-tu tenter ce que nous avons fait ? Courage ! Prends comme nous ta croix, porte-la jusqu'au bout de la vie. Ce dur pélerinage est possible, car nous l'avons tous accompli. (2) »

Souvent, elle s'afflige de son peu de progrès dans la voie de la perfection : « Ce qui m'ané-

(1) Méditations inédites.
(2) Ibid.

antit, me brise, me blesse le plus douloureusement, c'est l'indécision, l'inconnu, le doute sous n'importe qnelle forme et au bout de n'importe quelle route. »

« J'aime et je dédaigne, je crois et je doute, mais avec plus de profondeur que d'ardeur. Aujourd'hui, pas un élan vers le bien, des tiraillements, des velléités, c'est tout et je n'ai rien fait... Ne devrais-je pas du moins me lasser de cette tiédeur, me jeter tête baissée dans l'activité, le dévouement, sans plus examiner le pour et le contre... (1) »

En d'autres moments, et ceux-ci sont plus rares, elle se réjouit d'un progrès réalisé, d'une lumière acquise.

« Je comprends mieux certaines grandes idées : l'indulgence, la charité, la compassion du cœur... Trop longtemps, je n'ai guère connu que la théorie de ces divines vertus. (2) »

« J'apprécie maintenant la divine beauté de la confiance en Dieu, et je ne saurais exprimer ma joie d'être éclairée par cette nouvelle étoile... (3) »

(1) Méditations inédites.
(2) Ibid.
(3) Ibid.

Un peu au-dessous de son culte d'amour pour Jésus Hostie, se place sa dévotion envers l'auguste Mère de Dieu, sa patronne ; elle se plaît à célébrer son mois, à méditer ses admirables prérogatives, ses divins privilèges.

« Femme bénie entre toutes les femmes, lisons-nous dans la méditations sur cette invocation des litanies : *Vase Spirituel*, la grâce que je recherche en toi, c'est l'élément essentiel de la beauté, c'est *la splendeur du vrai.* Si je te distingue entre les filles d'Israël, c'est par la grandeur et l'harmonie de ton âme que ton extérieur et ta démarche expriment si bien ; ton regard ne craint ni n'affronte aucune des œuvres du Créateur, car ton intelligence immaculée distingue partout les débris de leur beauté primitive, mais le recueillement de ta pensée baisse plus souvent ta paupière, et l'élan de ton adoration lève plus souvent tes yeux, que la bienveillance n'attire ton regard vers les créatures. Jamais le sourire de l'ironie n'a entr'ouvert tes lèvres, la vue de l'enfant et du bonheur de tes frères éclairent seuls, par intervalles, la douce gravité de ton visage. Mais quel charme incomparable avait ton sourire, ô Marie ! c'était l'épanouissement de la paix et de la bonté de ton cœur... (1) »

Nous ne résistons pas au plaisir de citer encore le fragment suivant, empreint d'une si pieuse émotion.

« J'ignore si dans aucune des religions antiques, la prière eut jamais la forme singulière et touchante des litanies ; mais cette forme semble découler naturellement et uniquement d'une religion d'amour. Est-il, en effet, rien de moins compatible avec le cérémonial pompeux ou austère d'un culte public que ces cris innombrables qui ne se succèdent que pour se répéter ?... Je n'entends que des appels à la puissance divine, sans aucune raison d'être que notre perpétuelle faiblesse... L'admiration, la reconnaissance, l'exaltation disent, en effet, leur dernier mot dans les litanies de la Sainte Vierge ; je ne sais rien de plus complet en ce genre ; on croirait que l'âme humaine reconnaît tout d'un coup, en la Mère de son Libérateur, le type de sa beauté première et qu'attendrie par le souvenir des jours de l'Eden, elle s'enivre à la vue de cette Vierge incomparable. C'est alors que toutes les grâces de Marie, analysées avec une scrupuleuse ten-

(1) Méditations inédites.

dresse, se révèlent à nous par des comparaisons orientales ; d'ailleurs, le laconisme de l'invocation exclut toute emphase et laisse à chaque imagination le soin de cueillir la fleur qu'il a seulement indiquée... (1) »

Nos cérémonies catholiques, si prodigues de féconds symboles, de mystiques enseignements émeuvent et charment Marie-Edmée plus qu'elle ne sait l'exprimer ; sa nature d'artiste lui permet d'en mieux saisir les beautés harmonieuses et sa foi de chrétienne lui en fait goûter les leçons, tour à tour douces et austères, ainsi que les consolations vraiment ineffables.

Elle aime aussi la prière dans l'ombre et le silence, sans l'accompagnement des chants et des magnificences du culte, presque chaque jour, levée dès l'aube, elle se rend à une messe matinale ; prosternée devant l'autel, loin de tout bruit, dans un demi-jour mystérieux, elle oublie la terre ; son âme s'élance plus légère vers son Dieu, et en reçoit la force et la lumière pour soutenir le poids du jour... Quand la douleur courbe son front, que le doute ou l'inquiétude lui tenaillent le cœur, elle s'ache-

(1) Méditations inédites.

mine vers quelque pieux sanctuaire: une chapelle d'hospice ou un oratoire de religieuses... Après avoir prié et pleuré auprès de l'Ami divin, elle se relève calme et rasséréné.

« Je suis accablée de tristesse, mais je suis entrée dans la chapelle de l'hôpital Saint-Charles ; là, tout a pris une voix pour me consoler... » (1)

« La semaine dernière, j'ai passé une heure suavement divine dans la petite chapelle de la Visitation... Ce soir-là, j'ai compris ce qui me semblait incompréhensible: la douceur... et j'ai désiré ce qui me paraît un purgatoire terrestre : le cloître... » (2)

Sa nature droite, sincère à l'horreur de cette religiosité vacillante, indécise, que certains esprits faux confondent avec la religion ; horreur également de ces exihitions tapageuses, de ces spectacles qui, parfois s'étalent dans nos églises et font de la maison de Dieu, non une caverne de voleurs, mais un hall mondain, une salle de concert... Durant un de ces séjours à Versailles, elle assiste à une messse de Sainte Cécile ; la foule est *select*, la musique excellente ; mais, dans l'assistance, qui songe au

(1) Journal inédit.
(2) Ibid.

devoir de l'adoration et de la prière, hormis cette jeune fille qu'un tel spectacle contriste et révolte, car dans la prime jeunesse, les natures généreuses sont promptes à l'indignation, plus tard, au contact des misères humaines ; elles apprennent l'indulgence et, avec l'aide de Dieu, elles ne savent plus que plaindre et pardonner.

« Aujourd'hui, nous sommes allés tous à la messe de Sainte Cécile ; la cathédrale, qui est fort médiocre de grandeur et de style, était encombrée de gens en grande toilette. Les artistes jouaient dans le chœur et, comme la messe était basse, quoique en musique, le prêtre était assis trois quarts d'heure sur une heure ; le chef d'orchestre debout, avec son bâton agité et magistral, paraissait être le vrai pontife. Où étaient les Anges et les Saints ?... Derrière moi, on parlait de la pluie, du beau temps, de la musique, comme on eût fait dans un salon... » (1)

Certains préjugés, certaines façons un peu niaises d'apprécier les choses, opinions erronées répandues dans le monde et qu'on ne prend même pas la peine de discuter, la faisaient bondir.

(1) Lettre inédite à sa mère.

« Aujourd'hui, 25 Novembre, belle fête entre toutes celles des Vierges chrétiennes. Quel motif a pu pousser le monde à ridiculiser cette jeune et radieuse figure de Catherine, la savante théologienne d'Alexandrie ?... Probablement à cause de cette grandeur même qui est exceptionnelle dans le martyrologe. On rit de Sainte Catherine sans même savoir qui elle est, et on ne cherche pas à la connaître, parce qu'on en rit... Personne ne songe à imiter la jeune patricienne d'Alexandrie, dont la foi et la science put convertir un aréopage de philosophes grecs... » (1)

Comme si elle eût le pressentiment de sa fin prématurée, la pensée de la mort est familière à notre amie, c'est une hantise, presque une obsession... Cette pensée ne l'effraye pas ; au contraire, elle calme ses inquiétudes et lui insuffle la vigueur et l'espoir.

Elle comptait à peine quinze ans lorsqu'elle écrivait ce qui suit : « La pensée de la mort se présente si souvent à mon esprit !... Je la trouve partout et toujours, dans la fleur qui s'effeuille aussi bien que dans l'édifice qui s'écroule, dans le présent comme dans le passé. » (2)

(1) Journal inédit.
(2) Ibid.

« Mourir pour vivre, écrit-elle à 18 ans, voilà ma chère devise, elle me conduit plus loin que la terre ; après cette vie de mort, je crois qu'il y aura un jour où je vivrai de la vraie vie... » (1)

Par une splendide journée de Juillet, elle trace les lignes suivantes : « L'été m'attriste, tout d'ailleurs me sert de télescope pour voir la mort de plus près ; c'est bien véritablement mon ombre que le soleil rend encore plus visible... » (2)

Cette pensée n'est-elle pas ravissante ?...

Dans une lettre à son frère, nous relevons ce passage : « Clotilde — une jeune parente — est mourante ; avant Pâques sans doute, elle s'en ira vers la vraie Jérusalem, ou du moins sur la route qui y conduit... Faut-il la plaindre? Je ne puis mêler mes exclamations douloureuses à celles de nos autres parents ; après une vie comme la sienne et les souffrances qui précèdent sa mort, ce qui paraît au bout du chemin compense mille fois ce que l'on quitte... » (3)

Une de ses promenades favorites est la visite aux cimetières ; elle aime à en parcourir les

(1) Journal inédit.
(2) Ibid.
(3) Lettre inédite à son frère.

allées, à respirer l'air particulier qui s'exhale des sapins et des fleurs. De temps en temps, elle s'arrête pour murmurer une prière, parfois aussi pour déposer une fleur sur quelque tombe délaissée... La vue des monuments funéraires, les uns modestes et portant le signe de la rédemption, les autres fastueux, surchargés de couronnes et trop souvent d'aspect païen, lui inspirent mille réflexions et la plongent dans des rêveries sans fin. « J'aime les morts, les tombeaux et la croix. »

Pendant les séjours qu'elle fait à Paris, elle n'a garde d'en oublier les nécropoles. Au soir d'une longue visite au Père-Lachaise, elle consigne, dans son confident habituel, les impressions suivantes :

« Que cette promenade m'a émue ! Que de tombes célèbres se sont trouvées sur notre route ! des poètes, des musiciens, des peintres, des savants, des généraux qui ont fait tant de bruit, qui ont tenu tant de place et qui, depuis le jour où la mort les a saisis, ne sont pas plus que le plus oublié des hommes. Nous avons cherché une petite tombe ; celle d'Elisa Mercœur (1), des fragments de poésie, le nom de la fille, celui de la mère, voilà tout. Cette

(1) Jeune fille poète d'origine bretonne.

pauvre pierre tout humble est entièrement recouverte de mousse... » (1)

Les questions sociales abordées alors assez timidement sont l'objet de ses réflexions journalières.

« Je m'étonne moi-même de vivre tant pour les masses et qu'elles soient le centre toujours plus grand de mes intérêts et de mes pensées ; dès que je me suis étudiée, il en a toujours été ainsi. C'est donc chez moi une idée vraiment innée. Cet amour abstrait de l'humanité et des nations ses filles, a cela d'utile qu'il me force, par logique, à m'intéresser au plus humble et au plus ennuyeux de mes voisins.

« Par exemple, souhaitant l'instruction du peuple, je consacre à quelques enfants pauvres des instants qui me sembleraient perdus, si je ne voyais que le résultat immédiat. Je ne peux faire davantage ; cette pauvre graine de bonnes paroles qui tombe seulette sur le grand chemin, peut germer et produire quelque chose. S'il en est autrement, qu'importe ! j'aurai fait mon devoir, Dieu n'en demande pas plus, et Dieu doit être le but de tout bien. » (2)

(1) Journal.
(2) Ibid.

On le voit, à l'inverse de ce qui se produit souvent, Marie-Edmée ne se leurrait pas de belles paroles et, quand il s'agissait de traduire en action les théories chères à son cœur, elle ne craignait ni l'effort, ni la peine. Ce rôle d'institutrice ou plutôt d'éducatrice lui avait toujours souri, et, dès sa quatorzième année, nous la voyons à l'œuvre, apprenant aux enfants pauvres de son quartier, outre leurs prières et le catéchisme, les premiers éléments de la lecture et de l'écriture. Plus tard, malgré des occupations multipliées et absorbantes, elle poursuit ce même labeur charitable.

« J'ai fait lire à Marguerite un chapitre de la bible, je le lui ai commenté, puis j'ai commencé un tricot dont la petite fille a compris tout de suite le maniement. » (1)

Elle trouvait un puissant encouragement dans la vie de sa sainte mère qui, chaque semaine, allait passer plusieurs heures à l'hopital, assistant et consolant les malades. Ce n'était pas assez pour sa charité, elle faisait plus encore : accompagnée de sa fille, toutes deux vêtues de noir, elles suivaient pieusement le cercueil solitaire de ces déshérités et priaient pour le repos de leur âme... Presque chaque

(1) Journal inédit.

Dimanche, elles choisissaient comme but de promenade, la demeure des familles indigentes dont Madame Pau s'occupait d'une manière spéciale.

« Mère, pour employer saintement notre Dimanche, m'emmène visiter ses pauvres... Nous avions porté quelques objets de layette pour le nouveau-né, mais tout était trop grand pour ce pauvre bébé, aussi, je compte fabriquer avec mes amies un autre habillement que je donnerai Dimanche prochain. » (1)

Son amour pour ses frères, pour le genre humain tout entier se retrouve encore dans le passage suivant, extrait d'un de ses épanchements intimes où elle laissait transparaître son âme.

« L'avenir !... Oh ! ne restreignons pas ce mot à nos désirs, à notre jeunesse, à notre vie, à notre siècle même... Sauvons notre âme en sauvant l'âme de nos frères, de tous les hommes, par le perfectionnement de chacune de nos puissances morales et intellectuelles. Oui, cette condition du but de notre existence est *mienne* aujourd'hui ; toutes les vérités que j'entrevois le dégagent de plus en plus et lui servent de corollaire ; mes sentiments instinc-

(1) Journal.

tifs deviennent espoirs intelligents et désirs efficaces. (2) »

Avec une clairvoyance qui est presque une devination, elle devance les revendications féminines actuelles, et, dans sa logique un peu intransigeante, elle réclame pour les femmes une sphère d'activité moins restreinte, quasi égale à celle des hommes sur qui elle jette un œil d'envie... Tout à ses rêves d'émancipation généreuse, elle ne voit pas, dans sa candeur naïve que la plupart de ceux qu'elle jalouse ainsi ont un idéal tout autre que le sien, et se servent uniquement de leur liberté et de leur indépendance pour réaliser leurs projets ambitieux ou pour satisfaire leurs appétits grossiers.

Assoiffée de justice, émue de compassion envers les faibles, les opprimés, les douloureux, elle va parfois un peu loin, et certains passages de son journal donneraient lieu de croire qu'elle est une émancipée, presque une révoltée.

« Est-ce qu'une femme, s'écrie-t-elle avec indignation, ne peut pas disposer d'elle, sans choquer la raison d'aucun être, lorsqu'elle ne fait rien de mal ?... » Et elle ajoute, non sans

(2) Pages inédites.

amertume : « Dieu qui a mis une consolation à toutes les misères, laisse le malheur d'être femme sans aucune consolation. Mon Dieu ! combien de fois je bois mon calice ! Puisque vous m'avez créée ainsi, pourquoi ne m'avoir pas donné une grâce d'état ? » (1)

Ce dernier trait ferait sourire, si l'on ne sentait, sous cette exagération de langage, une souffrance réelle, quelque chose de l'effort angoissant d'un oiseau privé d'ailes qui veut s'élancer à travers l'espace... Et celle qui s'exprimait de la sorte avait reçu tous les dons qui font de la femme la créature privilégiée de Dieu : la beauté, la grâce, le charme...

Il est vrai que, dans son extrême modestie, elle s'ignorait et se croyait dépourvue de toutes les qualités que chacun admirait en elle.

Ces plaintes, ces regrets qu'on retrouve, de temps à autre, dans le journal, sont l'erreur d'un cœur généreux que le vin de la jeunesse enivre et qui, dans son inexpérience, s'imagine que l'héroïsme et la grandeur d'âme résident uniquement dans l'action... Il n'en est pas ainsi, et l'héroïsme se cache souvent à

(1) Journal.

l'ombre de la souffrance patiente et silencieuse, comme dans la pratique journalière des petites vertus. L'existence de Marie-Edmée qui, dans les 25 ans de sa durée, compte à peine trois mois de vie au dehors, est une preuve indéniable de cette vérité. Elle sut faire abnégation de sa volonté, de ses goûts, avec une bonne grâce si parfaite que Mme Pau ne soupçonna jamais les sacrifices quotidiens de sa fille, et la vaillance qui se dérobait sous son obéissance souriante... Fleurs parfumées que respirait seul son ange gardien, holocauste mystérieux que ne trahissait aucune flamme. Tous les cœurs aimants ayant quelque noblesse peuvent, à un moment donné, si une émotion profonde les soulève, s'élever jusqu'au sacrifice, mais bientôt ils retombent épuisés. Marie-Edmée, dans son immolation quotidienne, qui ne se démentit jamais, a montré plus d'héroïsme que dans l'ultime sacrifice qui termina sa vie.

Elle attendait de l'avenir un changement favorable dans la condition des femmes et un emploi meilleur de leurs facultés. Ce n'est pas elle, par exemple, qui eût jamais songé à revendiquer, ainsi que certaines dévoyées du vingtième siècle, *le droit au bonheur*. Le bonheur humain, elle le dédaigne, il est trop incomplet, trop éphémère. Elle a placé son cœur plus haut et son espoir ne sera pas confondu. Ecoutez : « Je remercie Dieu de m'avoir délivrée du bonheur de la terre où je m'énervais sans m'en douter. »

Ce qu'elle souhaite, ce qu'elle réclame, ce ne sont pas des *droits*, ce sont des devoirs, c'est le sacrifice, le renoncement ; nous n'en voulons pour preuve que cette véhémente exclamation :

« Si j'ai soif du sang expiatoire, ce n'est pas que je veuille épargner le mien ; oh ! si j'étais un homme, il y a longtemps que je n'en aurais plus à répandre... » (1)

Et ce regret poignant qui nous révèle son âme d'une si chevaleresque noblesse : « Nous autres femmes, nous sommes exclues de partout où l'on vit héroïquement » (2).

Citons encore cette pensée bien étrange sous la plume d'une jeune fille :

« Il n'y a de vraiment grand que la douleur... Je comprends que Dieu se soit fait crucifier pour nous prouver son amour et se faire aimer ». (3)

(1) Journal.
(2) Pages inédites.
(3) Idid,

Nature indépendante et avide de liberté, elle a parfois la nostalgie des espaces incommensurables, des horizons vastes et ensoleillés, et, sans plainte, sans murmure, elle reste confinée dans un appartement restreint où elle étouffe.

« Que j'aimerais à voir Rome, Ephèse, Jérusalem ! Oh ! Jérusalem surtout, s'écrie-t-elle, dans un de ces moments où le besoin de respirer plus à l'aise va jusqu'à la souffrance physique, dans ces beaux pays où les mœurs et les habitudes semblent faites pour moi ; je ne choquerais personne et tout me conviendrait. Oh ! l'Orient ! l'Orient !... Qu'y voyez-vous donc, poètes ?... ». (1)

Elle se reproche ces désirs qui lui semblent insensés et se gourmande de les ressentir : « Sus, Marie-Edmée ! où t'en allais-tu ? En Orient, n'est-ce pas ?... Je voudrais, je voudrais... Allons donc, est-ce que vraiment tu veux autre chose que mourir dignement ?... ». (2)

Malgré ses révoltes intérieures, ses colères à l'adresse de ses sœurs frivoles et coquettes qui acceptent volontiers d'être traitées comme

(1) Pages inédites.
(2) Journal.

des jouets ou des bibelots précieux, notre héroïne est bien femme, non seulement par l'exquise sensibilité de son cœur, mais encore par le soin, l'adresse qu'elle apporte dans les occupations matérielles d'un ménage modeste. Sans mauvaise humeur, sans impatience, elle laisse inachevée une de ses idéales compositions, où elle aime tant à s'absorber, ou suspend la lecture d'un de ses auteurs favoris, pour se livrer à d'humbles labeurs.

« J'ai bien des choses à faire, étant artiste, fille et sœur, et surtout quand voilà mon feu qui s'éteint et que l'heure du dîner approche... Courage ! à l'œuvre ménagère !... ». (1)

A l'exemple d'Eugénie de Guérin, avec qui elle présente certaines affinités, elle sait répandre un rayon de poésie sur les occupations les plus vulgaires, et sa foi toujours en éveil y trouve l'occasion de monter jusqu'à Dieu.

« J'ai savonné tout à l'heure ; l'air froid, l'eau mousseuse, mes mouchoirs, cols et bonnets, passant du gris à la propreté, m'ont vraiment fait du bien à la conscience. Je ne suis jamais si fière qu'après avoir fait œuvre de pauvres gens. C'est une espèce de communion

(1) Journal.

avec l'humanité souffrante et, du même coup, avec la nature bienfaisante ; c'est un moyen de comprendre la volonté de Dieu qui donne la vie aux méditations de l'esprit. Les saints fondateurs des règles religieuses ont admirablement compris cela, en ménageant sa part au travail manuel, dans les ordres savants».(1)

Sur le même sujet, voilà ce qu'Eugénie écrit : « J'écris d'une main fraîche, revenant de laver ma robe au ruisseau. C'est joli de laver, de voir passer des poissons, des brins d'herbe, des feuilles, des fleurs tombées, de suivre cela et je ne sais quoi au fil de l'eau. Il vient tant de choses à la laveuse qui sait voir dans le cours du ruisseau. » L'une habitait Nancy, une grande ville, elle se replie sur elle-même et philosophe intérieurement ; l'autre vivait à la campagne, au plein air, tout son être se dilate et elle chante les beautés qui l'entourent.

Finissons tout ce qui a rapport au rôle de la femme par le passage suivant extrait d'une méditation de Marie-Edmée, sur un verset des litanies de la Sainte-Vierge :

« Vierge fidèle, c'est vous qui avez restitué aux femmes l'honneur, l'intégrité du caractère, la virginité de l'âme. Par notre fidélité,

(1) Journal.

faites que nous sachions garder le trésor que vous nous avez rendu ; à toutes, donnez l'amour de leur dignité sublime dans la création. Faites-leur voir qu'elles ne sont placées entre Dieu et l'homme que pour s'élever au rang des anges, en attirant la nature inférieure vers un monde plus pur... Je vois, je comprends, je m'avance. O Vierge fidèle, faites que je sois trouvée fidèle jusqu'à la fin !... ». (1)

Voilà le son véritable de son âme, sa réelle compréhension du rôle que la femme doit remplir, de la mission que Dieu lui a confiée, mission non moins noble, non moins féconde que celle de l'homme, quoique très différente.

Dans les lettres à son frère — nous reviendrons sur ce sujet — elle ne néglige aucune occasion de glisser une note religieuse, soit à l'occasion de quelque solennité de l'Eglise, d'un anniversaire, soit pour lui demander de s'unir aux prières que sa mère et elle ne cessent d'adresser au Ciel pour le cher absent. Au moment des examens de Gérald, sa sœur se trouvait à Paris, elle lui envoie les lignes suivantes, tout imprégnées de foi :

« Dans une de mes tournées, j'ai rencontré

(1) Méditations inédites.

une petite église, Saint-Thomas d'Aquin. Tu ne saurais croire combien j'ai été heureuse de ce hasard; c'est en de pareils moments que l'on apprécie la grandeur et la beauté de la Communion des Saints, cet article du symbole. Vois un peu, mon cher frère, j'aime Socrate et Platon autant que je les admire ; je crois, j'espère même dans une certaine mesure, qu'ils jouissent de Dieu comme récompense de leur belle vie, et, cependant, penses-tu que je demanderais avec confiance à ces bienheureux esprits de te soutenir de leur intelligence, de te protéger par leur intercession auprès de Celui qui les a si admirablement prédestinés à la lumière ?... Et c'est là ce que j'ai demandé à Saint-Thomas d'Aquin, pour toi... Un jour, tu voudras connaître ce docteur sublime entre tous ; moi, je n'en ai lu que quelques citations qui m'ont éblouie... En attendant, il te connaît, lui ; grâce au baptême et aux espérances, nous sommes de la même famille... ». (1)

Terminons par cette citation, d'une philosophie si haute et si profonde :

« Oui, Dieu mène l'homme, mais, ne l'oublions pas, l'homme retarde ou avance

(1) Lettre inédite à son frère.

l'œuvre de Dieu, sa liberté marche de front avec la Providence. Et tous, oui, tous, même les plus ignorés d'entre nous, aident le progrès ou y mettent obstacle... Que de révélations au dernier jour sur l'enchaînement providentiel des événements où certains de nos actes, certaines de nos pensées pèseront si lourdement, pour ou contre nous, dans la balance de l'Eternité... ». (1)

Et celle qui traçait ces lignes avait à peine 20 ans !...

---

(1) Lettre inédite à son frère.

III

L'ÉCRIVAIN, L'ARTISTE

Notre premier besoin est de nous révéler.

(Mgr Mermillod).

Plus qu'une autre peut-être, cette âme débordante et prête à vibrer sous la moindre émotion, éprouvait cet irrésistible besoin dont parle Monseigneur Mermillod, et afin qu'il lui fût permis de le satisfaire avec plus de force et d'intensité, Dieu mit à sa disposition la plume et le pinceau... Elle n'avait pas encore atteint sa quinzième année, quand elle eut l'idée d'écrire son Journal, non pour l'égoïste satisfaction de s'analyser minutieusement ou pour faire œuvre littéraire, mais pour devenir meilleure. « Voyant mes défauts écrits, je pourrai mieux m'en corriger. »

En parcourant ces pages juvéniles, on est surpris de la maturité des pensées et de la justesse des appréciations. Aux descriptions poétiques et colorées, aux silhouettes finement découpées, on pressent l'artiste éprise du beau sous toutes les formes, sachant voir, et déjà traduire avec élégance ses impressions et ses idées.

En 1859, Marie-Edmée passe avec sa mère deux journées à Chartres où elles avaient de la famille ; au retour d'une visite à la cathédrale, elle consigne dans son journal les réflexions suivantes qu'on dirait échappées à la plume de quelque grave philosophe.

« Que de générations ont passé successivement sous ces voûtes! Que d'âmes saintes ont prié Dieu à l'endroit où je m'agenouille, où je passe !... Hélas ! ces milliers d'âmes sont oubliées... Dans cent ans que restera-t-il de moi, de mon nom, de mon souvenir? Rien. Ainsi va le monde; tout passe et tout meurt. Vous seul, ô mon Dieu, vous seul êtes immuable et éternel, et votre nom subsistera toujours... » (1).

Quelques mois plus tard, après une interruption dont la cause nous est inconnue, elle rouvre son confident et inscrit ce qui suit :

« Je vais reprendre l'histoire qu'on croit monotone, des faits qui composent la vie. *Monotone!* rien ne l'est pour qui pense et réfléchit; je devrais ajouter, rien ne l'est pour qui *aime*... et qui pourrait ne pas chérir une

(1) Journal.

mère comme la mienne ! et qui n'aimerait un frère comme celui que Dieu m'a donné ». (1)

Le jour anniversaire de ses quinze ans, loin de se réjouir à l'exemple de tant de jeunes filles, d'être sortie de l'enfance, elle s'en attriste et se laisse aller à de mélancoliques réflexions.

« ...Aujourd'hui, plus que jamais, je me sens le cœur triste, et les quinze années que Dieu m'a permis de passer sur terre m'ont paru si courtes que je me prends à les regretter... La vie est bien courte puisqu'elle se compose de ces anniversaires si prompts à se succéder. Il me semble qu'à peine six mois ont passé depuis le moment où ma plume et mon cœur traduisaient si incorrectement sur ce journal, l'impression de mes quatorze ans, et mes beaux projets d'amélioration morale, qui, hélas! ont duré ce que durent les roses... » (2).

Il y a là, malgré quelques longueurs, quelques incorrections — nous sommes loin d'avoir cité tout le morceau — une élévation morale, un accent personnel qui captive et charme le lecteur. « L'éloquence, a dit un

(1) Journal inédit.
(2) Ibid.

penseur, n'est que l'âme mise au dehors ». Cette parole profonde et vraie nous explique pourquoi les virginales confidences de la jeune Lorraine excitent notre intérêt et forcent notre attention, c'est que son âme palpite, transparaît sous les mots, et que rien, ici-bas, n'est plus beau, plus digne d'admiration qu'une âme dont la pureté native n'a jamais été effleurée par aucune pensée mauvaise.

Certains critiques n'ont pas craint d'avancer que Marie-Edmée était mieux douée encore comme écrivain que comme artiste... Elle possédait, en effet, de merveilleuses facultés, et sa mort prématurée ne lui a pas permis d'en donner toute la mesure; peut-être eût-elle réussi dans les deux genres; toutefois, il semble que l'art avait ses préférences et l'attirait davantage. Celui-ci d'ailleurs était dans les traditions familiales, sa mère, son oncle Henry, le frère de cette dernière, dessinaient avec infiniment de goût, et elle-même, dès son jeune âge, avait montré pour le dessin de remarquables dispositions.

« J'aime le dessin et la peinture à la folie, a-t-elle écrit quelque part, mais plus j'aime l'art et plus je le comprends, plus aussi je désespère de moi ». Et c'est là comme la pierre de touche du vrai talent, qui jamais n'est satisfait et aspire toujours plus haut.

Ailleurs, elle écrit : « Mon pain quotidien, c'est l'*art* ».

Après les premières leçons données par sa mère, Marie-Edmée suivit à Nancy, le cours d'un excellent professeur, M. Leborne, et s'y fit bientôt remarquer comme une des meilleures élèves... Elle n'avait guère que quinze ans, lorsqu'elle entreprit le portrait de Mlle J..., jeune fille du voisinage. Dans son journal, elle esquisse avec un grand bonheur d'expression, le charmant visage de son modèle.

« ...Elle a seize ans au plus, ses yeux d'un brun clair ont une transparence et une limpidité suaves, de grands cils d'un noir bleu les ombragent et donnent à sa physionomie une remarquable douceur; un nez à la courbe fine et gracieuse, une bouche fraîche et mignonne, tout cela placé dans un ovale parfait, encadré de petites boucles à la Sévigné, espèce de nuage d'or autour de ce jeune et rayonnant visage... » (1).

N'est-ce pas délicieux? et ne croirait-on pas que la jolie nancéenne a posé devant nos yeux ?...

(1) Journal.

Peu après, notre jeune artiste peint un canon d'autel dont elle a composé elle-même les dessins, canon qui est destiné à la nouvelle église de Buissoncourt, l'église paroissiale d'où dépend Romémont, la chère demeure de famille qui lui rappelle les joyeuses parties de son enfance... Ce genre de travail qu'elle aborde pour la première fois exige certaines recherches et lui prend un temps considérable.

« J'avoue qu'il me faut du courage pour l'achever, j'ai besoin de me répéter que, l'ayant commencé pour Dieu, c'est pour lui que je dois le finir » (1).

Ses études ayant été interrompues à différentes reprises, elle sent le besoin de remédier à quelques lacunes, par la lecture et surtout par la lecture de livres bons et substantiels. Ainsi que la spirituelle marquise des Rochers, elle a l'horreur des livres fades et insignifiants qui donnent *les pâles couleurs à l'esprit.* Le jour anniversaire de ses quatorze ans, à la première page de son journal, elle inscrivait cette résolution :

« Je ne veux plus lire ces livres enfantins qui prennent la moitié de mon temps, et je

(1) Journal.

compte bien les remplacer par quelque chose d'instructif et de sérieux » (1).

Et elle se tint parole... Un peu plus tard, quand l'âge eut mûri son jugement, elle ne craignit pas d'aborder des ouvrages d'une haute portée philosophique, tels que les œuvres du Père Gratry, et si elle ne comprit pas en entier les magnifiques théories du savant oratorien, elle demeure éblouie et charmée de sa science lumineuse, de son enseignement si élevé et si divinement réconfortant.

« En ce moment, aux heures de loisir, je me plonge dans *la logique* du Père Gratry. C'est *beau*, *beau*, *beau*, mais je me trouve *bête*, *bête*, *bête*, quand je vois que je ne sais pas le grec... » (2).

Les *soliloques* de saint Augustin la passionnent et ouvrent à sa piété d'immenses horizons inconnus jusque-là... Elle lit avec délices Malebranche et Montesquieu, elle se plonge dans le *Consulat et l'Empire* de Thiers, et s'attarde, vibrante d'émotion douloureuse, au récit de la bataille de Waterloo : « que c'est beau et terrible ! » s'écrie-t-elle.

(1) Journal.
(2) Lettre inédite à son frère.

Elle déplore que tant de personnes aient si peu de souci d'étudier les *Livres Saints*.

« Je trouve qu'on ne lit pas assez l'Ecriture Sainte parmi nous ; cette négligence est bien coupable, puisqu'elle produit dans l'esprit catholique l'alliance monstrueuse du vice et de la vertu. C'est ainsi qu'à une doctrine sublime nous unissons la pratique d'une morale tortueuse qui aboutit trop souvent à des résultats sociaux aussi mauvais que ceux des païens » (1).

Les poètes ont aussi leur tour, Lamartine est son préféré ; elle goûte et apprécie Victor Hugo, dont elle a lu seulement les extraits, Auguste Barbier dans ses *Iambes* immortels, Reboul, Mesdames Tastu, Desbordes-Valmore, Marie Jenna, etc. A la lecture des poèmes d'Ossian elle est saisie d'un véritable ravissement.

« On m'a envoyé de Saint-Dié la traduction d'Ossian, par Baour Lormian, je me réjouis de feuilleter cela.., *Cela* est une merveille. J'ai entendu cette harpe mille fois par hiver ; le vent, la neige, les brouillards ont toujours été la sphère de ma vie, et, vraiment, il me semble qu'après avoir réfléchi sur ce qu'on

(1) Lettre inédite à son frère.

sait, après avoir regardé ce qui se voit, la tristesse devient l'air de notre âme... J'élève Ossian au niveau de David dans mes admirations et mes amours; — n'est-ce pas un peu exagéré ? — la mélancolie du Nord et les espérances de l'Orient s'embrassent avec ces deux grandes figures que j'adorerais si je ne connaissais pas le soleil, source de leurs rayons... ». (1)

Peut-être ignorait-elle, la jeune enthousiaste que Napoléon Ier avait, lui aussi, un amour de prédilection pour le barde gaëlique ?...

Le *Paradis perdu* de Milton l'émeut et la transporte au plus haut point, bien que la traduction de Delille en affadisse singulièrement la vigoureuse beauté.

« Je suis folle de ce poème où je retrouve les êtres que j'aime tant : les anges. J'ai toujours tant aimé Gabriel et Raphaël, admiré saint Michel... ». (2)

Elle ne se contentait pas d'admirer les poètes, elle voulut marcher sur leurs traces, et composa diverses poésies qui ne sont pas sans mérite. A ce sujet, son délicat biographe,

(1) Pages inédites.
(2) Ibid.

M. Antoine de Latour, a écrit ceci : « Il y a dans le petit nombre de vers qu'il nous a été donné de lire d'elle, le mouvement, le sentiment et l'image, l'étude lui eût aisément donné le reste ».

A l'appui de ce jugement, citons la pièce de vers suivante, écrite, comme nous l'apprend l'auteur, « tout d'une volée de plume, le dernier jour de Mai », et envoyée aussitôt à son frère.

L'oiseau dort, le lilas parfume
Les sentiers plus sombres du bois,
Et, tout enveloppé de brume,
Le soleil descend sur nos toits.

C'est l'heure où je sors de l'Eglise,
Le front penché, l'âme indécise,
Comme on sort d'un rêve divin,
Gardant au fond de ma paupière
Un rayon de cette lumière
Qui n'y brilla jamais en vain.

Douce vision du jeune âge
Qui me montrait dans un nuage
Le lys pur, la fleur d'Israël...
Ainsi qu'au matin de ma vie,
Mon cœur s'endort en toi Marie,
Oh ! préserve-le du réveil !

Reflet de l'étoile sans tache,
Tu dissipes ce qui me cache
L'autre patrie qui nous attend.
Emporte-moi dans ta prière,
O mon ange, et quittons la terre,
Ta Reine appelle son enfant.

Ouvrez-vous, portes éternelles!
Et du seuil voilé par tes ailes,
O mon guide, je pourrai voir...

Je disais, mais la fin du rêve,
Avant que l'azur se soulève,
Me rendit aux ombres du soir,

Et je reprends de l'existence
Le chemin trempé de nos pleurs,
Mais j'emporte une souvenance,
Qui va le semer d'autres fleurs (1).

« Ainsi donc tu aimes la poésie, lisons-nous dans une autre lettre. J'en suis heureuse, car personne ne comprend la sympathie que j'éprouve pour cette mélodie ravissante. Mon enthousiasme pour l'histoire, ma passion pour les arts, mon admiration pour tout ce qui est grand m'a souvent attiré des mécomptes, et, depuis longtemps, je garde pour moi tout ce

(1) Poésie inédite.

que je pense à ce sujet. En recevant ta lettre, mon Gérald, j'ai vidé mon buvard ; là, j'ai découvert quelques rimes écloses sous un des premiers rayons du soleil de cette année, je te les envoie, faisant abnégation de tout amour-propre d'auteur. Ne me ménage pas les critiques qui me feront très grand plaisir.

Dis-moi, printemps, saison des roses,
Que viens-tu semer dans les cœurs ?...
Hélas ! notre vie se compose
De plus d'épines que de fleurs.
Ouvrant notre âme à l'allégresse,
Chantons ainsi que les oiseaux,
Laissons fleurir notre jeunesse
Dont les courts instants sont si beaux...(1)

Dans les chapitres suivants, nous trouverons encore l'occasion d'offrir à nos lecteurs, d'autres poésies, qui, toutes, sortent de la banalité... Il eût été bien étonnant qu'elle n'eût pas réussi dans ses essais de versification, tant sa prose est poétique ; elle possède le nombre, la couleur, l'harmonie. Dans ses lettres écrites sans prétention, au courant de la plume, il y a des passages qui sont de vraies perles littéraires.

(1) Lettre inédite à son frère.

4

« Quel chemin de fer que le temps ! Entends-tu sa voix formidable nous crier de distance en distance, en guise de station : *Trois ans !... Six ans !... Treize ans !...* Mais, hélas ! où sont les quinze minutes d'arrêt si ardemment désirées par les voyageurs affamés de repos ?... Dans ce court voyage de la vie pas une halte dans l'itinéraire... » (1)

Et ce fragment d'un tout autre genre, effusion de cœur adressée à Mme Pau, par la jeune artiste, alors à Paris.

«... Bonne petite mère, ne t'attriste pas trop au moins, et, maintenant que tu as dis tes prières, ne t'avise pas d'écouter le jet d'eau qui semble pleurer la nuit plus encore que le jour, pense à ta fille et envoie-lui ce bon baiser de mère qui est son trésor, sa récompense et son espérance la meilleure, puis endors-toi... » (2)

Citons encore ces passages d'une grande beauté qui nous montrent la compréhension si haute qu'elle avait de la liturgie et des cérémonies du culte.

« Il y a un cri avant le « *Nunc dimittis* » qui me prépare admirablement à ce beau canti-

(1) Lettre inédite à son frère.
(2) Lettre inédite à sa mère.

que, et qui me donne le même élan de prière que le « *Sursum corda* » de la sainte Messe ; c'est le « *Salva nos* » ! Il m'émeut plus que jamais et il me transporte de la terre qui souffre au ciel qui libère, des combats, au Dieu des armées, de mon espoir qui attend, à l'avenir qui promet. Combien de temps le pousserons-nous encore ce cri d'angoisse ?... ». (1)

« Ce soir, chemin de la Croix, admirable office où la forme est presque à la hauteur de l'idée. Ce douloureux pélerinage aux flambeaux, la forme variée de ces prières qui, de la méditation à la belle prose du « *Stabat* » épuisent toutes les impressions de la supplication la plus ardente ; ces enfants, ces pauvres, ces riches, suivant pèle-mèle et dans un respectueux silence, la croix et les prêtres devant chaque station qui devient, à son tour, le centre de la masse des fidèles acculés dans la nef... Tout cela c'est une œuvre d'art religieuse, morale, philosophique, qui donne à la grande pensée du drame de Jérusalem, une vie singulièrement forte et durable... » (2)

Transcrivons aussi cette description d'un paysage hivernal, extraite d'une lettre à son

(1) Journal.
(2) Ibid.

frère. « Fait-il froid à La Flèche ?... Quant à moi, sortant chaque jour pour aller à Malzéville — elle faisait le portrait d'un enfant — je m'hiverne si bien que je ne sais vraiment pas si c'est moi ou la température qui est changée — on était à la mi-novembre — du reste, le soleil ne peut s'arracher à notre pays ; il se lève dans des nuées si bleues et si roses qu'on se croirait au printemps ; il s'épanouit à midi dans une splendeur presque aussi éblouissante qu'en été ; seulement, il rayonne sur des brumes et des ruines. A cette heure-là, j'arrive précisément sur le pont : le castel C. avec ses cheminées fantaisistes me sourit coquettement en bas ; près de la rivière, il se détache en lumière franche sur un horizon velouté de forêts encore chevelues, plantées sur deux collines qui descendent rapidement l'une vers l'autre pour se fondre dans la rivière ; alors s'ouvre entre elles un triangle de ciel pur qui fait ressortir par sa netteté la douceur mélancolique de ce paysage d'automne... Quand je me suis ainsi préparée en admirant les œuvres du grand Artiste, je me me mets à l'ouvrage en pauvre fourmi que je suis... » (1)

(1) Lettre inédite à son frère.

Souvent, elle a des pensées d'une réelle originalité et d'une grâce charmante et qu'elle sait enchasser dans un style bien personnel.

« Le sourire dans le visage d'un enfant pauvre vaut pour moi le soleil du printemps. »

« Dieu a créé certaines âmes un peu semblables aux ruisseaux des montagnes, une pente fatale entraine leurs eaux comme la vie entraine nos pensées ; heureux les ruisseaux courant dans la plaine, ils ne risquent pas de se dessécher. »

« Il me semble que ce qu'on appelle *soutien* est une *chaine*, tant je m'en délivre avec soulagement. »

« Bienheureux ceux qui ne tiennent pas plus aux biens de la terre que l'hirondelle à son toit, le passereau à sa branche, le voyageur au ruisseau qui le désaltère, le rayon aux fleurs qu'il épanouit. »

« Un seul désir mauvais ou mesquin suffit pour découronner une âme. »

« L'enthousiasme est autre chose qu'un rayon dans les yeux, c'est une flamme dans le cœur, c'est l'amour du sublime poussé jusqu'au sacrifice de la vie et de tout ce qu'elle offre de meilleur. »

« L'exercice de la volonté appuyée sur un principe moral, fait la force de l'âme. »

« Il est bon d'avoir un désir au cœur, cela rend plus sensible la cause de la vie, c'est un exercice qui révèle à notre âme son effrayante capacité pour le bonheur, c'est un éclair qui nous permet d'entrevoir l'abîme, et nous montre en même temps l'impuissance de toute créature pour le combler. »

« L'amitié n'est pour moi que le bâton du voyage, l'eau de la citerne, l'ombre du peuplier sur le chemin de la vie. »

« Nos premiers parents ont dû mêler beaucoup d'amour à leur chute, car rien ne porte plus la marque d'un détraquement primitif que notre cœur. »

« De quoi sont faits les jours ? De rien, me répond la Bible ; les miens surtout passent comme l'eau entre les doigts et me laissent une soif inextinguible de l'Eternité. »

« Je voudrais mourir pour une grande cause, et ma pensée unique est d'en servir une toute ma vie. »

Parfois, elle a des réflexions d'une philosophie très profonde, réflexions d'un moraliste et d'un penseur. Elle comptait à peine vingt ans, lorsqu'elle écrivait ce qui suit :

« Hier, j'allai à la messe — à Versailles — dans une église aussi peu remarquable que notre cathédrale et dans le même style, quoique plus petite. Versailles créée comme Nancy pour une cour et son soleil, s'occupait de loger le bon Dieu, après avoir satisfait tout le monde... » (1)

Terminons ces citations, par ce mot d'une grâce exquise, adressé à son cher Gérald ; elle venait de l'engager à lire l'*Imitation* et elle conclut ainsi : « Cela te fera du bien comme une conversation d'ange. »

C'était pour Marie-Edmée, une joie très appréciée, très vivement sentie de se rencontrer avec des esprits élevés, délicats, et de pouvoir parler sans réticence, avec une pleine liberté, sur les grands sujets qui lui tenaient au cœur. Cette jouissance, assez rare pour elle, véritable sensitive prête à se replier à tout contact peu bienveillant et même indifférent, elle la goûtait chez Mme Woïart, belle-mère de Mme Tastu et femme vraiment supérieure à tous égards.

« Je sors de chez Mme Elisa Woïart et je suis tout émue et charmée par cette fine douceur, ce tact de sensitive, cette timidité ravissante...

(1) Lettre inédite à sa mère.

Nous avons causé art et avenir d'artiste avec cette mère et cette fille qui tournent la dernière page du livre que nous ouvrons... » (1)

Dix-huit mois plus tard, nous retrouvons la jeune fille veillant et priant auprès du lit où Mme Woïart livre son dernier combat.

«...Son seul cri d'angoisse était : Mon Dieu ! Nous lui récitâmes les prières de la dernière heure ; elle pressait avec force son crucifix, et semblait s'en servir comme d'un bouclier contre des obstacles invisibles. Mais ces quelques signes d'agonie étaient calmes comme avait été la vie de celle qui mourait. Sur son front si digne de révéler sa belle intelligence, on voyait passer comme des ombres, sans doute les souvenirs... » (2)

Le surlendemain, encore tout émue des scènes funèbres qui ont passé sous ses yeux, elle adresse à son frère les lignes suivantes :

« Tu ne peux imaginer ce que nous perdons avec cette femme d'élite, non des habitudes de visite ou des relations plus ou moins intimes, mais surtout une âme amie que nous admirions et qui savait nous comprendre. Je n'ai jamais entendu causer que chez elle, en-

(1) Lettre inédite à son frère.
(2) Journal.

fin, c'est une perte irréparable. Quelle existence remplie et généreuse ! Quelle figure douce et ferme qui pourrait servir de type aux femmes de l'avenir !... » (1)

La mort de Lamartine survenue l'année suivante, 1869, l'impressionne douloureusement.

« Lamartine est mort !... Quelque chose de moi semble le suivre dans l'autre monde. Oh ! que je voudrais savoir ce qui s'est passé dans cette âme à l'heure où elle se sentit :

Tremblante à chaque haleine
Sur la nuit du tombeau. »

Il nous a paru curieux et intéressant tout à la fois de rapprocher de ces paroles, ce qu'un autre cœur de femme, également noble et pieux, ressentit en apprenant le trépas du poète : Marie Jenna écrit :

« Ces jours-ci, je sens que je porte en mon cœur la mort de Lamartine... ce qui m'attriste, c'est l'incertitude de son sort éternel... »

L'expression diffère, mais chez l'une et chez l'autre le sentiment n'est-il pas identique ?... Rien d'étonnant, ce sont deux âmes sœurs qui appartiennent à la même famille.

(1) Lettre inédite à son frère.

Revenons maintenant à l'artiste.

A dix-sept ans, Marie-Edmée écrit : « Je serai artiste, je dois l'être, tout m'y engage et la nécessité s'en mêle. » En effet, au cours des années, elle acquérait de l'expérience, ses yeux s'ouvraient sur mille détails qui, jusqu'alors, lui avaient à peu près échappé, et elle eut l'intuition ou plutôt la révélation de sa vocation réelle, vocation qui lui permettrait de n'être plus dans la famille un membre inutile. Elle comprenait maintenant les sacrifices journaliers de sa bonne mère, et sa piété filiale plus encore que sa fierté naturelle la pressait de rendre dévouement pour dévouement... Elle redouble donc de zèle et d'ardeur dans ses études ; elle dessine, elle peint avec acharnement et ne néglige aucune occasion de progresser dans son art, elle en veut connaître toutes les branches. Sous la direction de son oncle Henry, elle apprend à graver.

Suivant les conseils de cet oncle, qui, nous l'avons dit, est artiste lui-même, elle envoie à l'éditeur Hetzel, plusieurs de ses essais, avec l'espoir d'être désignée pour illustrer quelques-uns des livres ou albums destinés à la jeunesse. « Il faut, écrit-elle, à dix-huit ans, que je gagne ma vie avant deux ans. »

Elle s'essaye un peu dans tous les genres, elle compose dix illustrations d'après *l'Ange et l'enfant*, de Reboul, très populaire alors ; aujourd'hui, poésie et poète sont tombés dans l'oubli. Cette œuvre est destinée à une exposition qui va s'ouvrir à Malines ; ensuite, Dieu aidant, elle sera vendue au profit des Polonais. « C'est ma dîme d'artiste offerte à Jésus-Christ, dans la personne des exilés. »

Nous avons négligé de le dire, mais le sort de l'héroïque Pologne, toujours opprimée et jamais entièrement vaincue, exalte la sensibilité de Marie-Edmée, jusqu'au délire, et lui arrache des accents presque désespérés, elle voudrait être une « *Emilia Plater* » et mêler son sang à celui des nobles victimes ; après avoir lu les *Pélerins* de Mickiewicz, elle s'écrie : « Je n'ai pas de mots pour exprimer l'impression produite sur moi par ce chef-d'œuvre. »

Parfois, un peu de découragement ou plutôt de défiance d'elle-même, se glisse dans son cœur, elle éprouve des doutes sur sa vocation.

« Ai-je du talent ? ou plutôt mes dispositions en font-elles pressentir ?... Mon Dieu ! éclairez-moi... »

Un autre jour, après une visite au Musée où elle a pu admirer de belle et bonne peinture, elle écrit tristement :

« Cette visite m'a désespérée ; je suis certaine que je n'ai aucune disposition artistique. »

« Que faire ? lisons nous ailleurs ; avancer, car tout m'y pousse, la voix de Dieu et celle de ma conscience. »

Un regard en haut, un recours à Dieu et alors, elle reprend son labeur quotidien, avec une énergie nouvelle... A l'aide de son crayon elle traduit une poésie de Madame Desbordes Valmore : « *Le Rêve d'une Femme* », puis *« L'Ecolier »* d'après le même auteur : avec quelle grâce naïve, elle a su rendre chaque étape de l'enfant !...

Son imagination d'une fécondité prodigieuse, lui permet d'illustrer, comme le constate un peintre distingué, chaque vers d'une poésie ou plutôt chaque mot... Elle exécute une série de dessins pour paraphraser « l'*Ave Maria* » ; sa tendre dévotion pour l'auguste mère de Dieu l'inspire et dirige son crayon; cette œuvre est ravissante, et toute imprégnée de foi, de piété.

Une des compositions les mieux réussies est, sans contredit, la traduction du verset

« Benedicta tu in mulieribus. » Elles sont là, gracieusement groupés, les saintes femmes de l'ancien Testament et les plus illustres du Nouveau. A l'une d'elles, comme un délicat hommage filial, l'artiste a donné les traits et la physionomie de sa mère bien-aimée.

Cette œuvre nous fait songer au sonnet si artistement ciselé de Guillaume Dubuffe qui sert de préface à ses admirables aquarelles sur la Vierge Marie. Nous en détachons les vers suivants qui peuvent s'appliquer à l'*Ave Maria*.

Je t'ai peinte en ta gloire et ta divinité,
Fleur mystique, beau lys éclos au cœur
[du monde,
Vierge, ô symbole pur de la grâce féconde,
Telle je t'ai vue en mon rêve enchanté.

. . . .

Si mon âme près de toi passe dans un
[bruit d'aile,
O Vierge, tu prieras pour l'artiste fidèle
Qui faisait son amour de sa croyance en
[toi !...

Citons encore « *l'Angelus au Ciel* » où Marie-Edmée a dessiné avec une pieuse allégresse ses protecteurs invisibles, *Saint Michel*, *Saint Gabriel* et *Saint Raphaël* ; l'expression de leurs radieux visages est vraiment séraphique, et l'on se demande si, dans ses rêves de Vierge, elle a vu s'entr'ouvrir les célestes demeures...

Et pourquoi n'en serait-il point ainsi, quand on connaît l'idée qu'elle se fait de l'art ?..... Ecoutez :

« Pour moi, l'art est surtout la manifestation d'une pensée sous une forme aussi pure que possible, pensée qui ait un but moral, religieux, surnaturel, enfin qui, d'en bas attire nos cœurs vers l'autre monde, sur les ailes de la prière et de la poésie ». (1)

Et ailleurs : « Je continue à chérir l'art pour l'idée, l'idée pour la justice, et la justice comme mon amour le plus ferme, et que je veux propager autant que je le puis ». (2)

D'après les conseils de personnes amies qui ont encouragé ses premiers essais et s'intéressent à ses progrès, la jeune artiste se décide à se rendre à Paris pour y suivre les leçons d'un véritable maître. En 1865, elle entre à l'atelier de M. Léon Cogniet, l'auteur du beau tableau « *le Tintoret peignant sa fille morte* (3) ». Voyons quelles sont ses impressions :

(1) Journal.
(2) Ibid.
(3) Ce chef-d'œuvre est au musée de Bordeaux.

« ... Hier j'ai fait une étude artistique d'après un jeune mulâtre vivant, et des études morales sur les jeunes femmes qui m'entouraient ; je leur trouve infiniment d'esprit et de grâce, beaucoup de talent, mais un aplomb inébranlable, une suffisance parfaite me les gâtent, et je rentre dans ma coque à la façon des escargots et des tortues ». (1)

Quelques jours plus tard : « Le grand maître a vu quelques-uns de mes albums, et il m'a dit à leur sujet les choses les plus encourageantes.

T'ai-je dit que M. Cogniet est un petit vieillard distingué, avec une tête admirablement belle, il parle très peu, simplement et avec clarté... Juge de mon étonnement, quand samedi, Monsieur Cogniet entre au cours pour la seconde fois de la semaine. — Ces demoiselles m'ont dit qu'en deux ans, elles ne se rappelaient qu'une seule exception de ce genre. — Après s'être assis près du premier chevalet, Monsieur Cogniet commença par exhorter ces dames à composer, leur disant certaines choses que j'avais souvent pensées en face de leurs peintures, c'est-à-dire qu'il ne suffit pas de bien peindre, mais surtout de bien peindre un beau sujet.

(1) Lettre inédite à son frère.

Puis il vint à moi, et après avoir corrigé ma peinture, me dit que mes albums lui avaient fait vraiment plaisir, que j'avais bien peu d'expérience, mais qu'en m'attachant à rendre fidèlement la nature dans mes études, en ombrant moins, mes dessins gagneraient beaucoup. Il me dit encore que j'avais beaucoup d'imagination et une façon heureuse de la traduire, enfin que mes albums étaient remarquables, non seulement par les dessins, mais aussi par les textes qui les accompagnent... Puis, avec une bonté de père, il a ajouté qu'il s'intéresserait toujours à mes travaux, « à vos succès », a-t-il repris, car vous en aurez... Je t'écris tout cela un peu longuement ; c'est pour te faire partager mon espérance en l'avenir, et un peu pour bavarder sur moi, tu le sais bien... ». (1)

Fidèle à ses habitudes religieuses, elle se rend chaque matin, avec sa mère, à Notre-Dame des Victoires, afin d'y entendre la messe, et dans les après-midi où le cours de dessin n'a pas lieu, toutes deux profitent de cette vacance pour visiter quelques-unes des merveilles artistiques si nombreuses dans Paris. Marie Edmée ne serait pas heureuse si son cher Gérald n'était pas initié à sa vie journalière, à

(1) Lettre inédite à son frère.

ses travaux, à ses distractions ; aussi lui écrit-elle fréquemment ; elle lui parle en ces termes d'une visite à Cluny :

« Mère m'a promis une visite à notre cher voisin de droite, le Musée de Cluny et à ce grand trou plein de ruines, tout fleuri de lierre qu'on appelle les thermes. Imagine toi les *Catacombes* à moitié sorties de terre. Il y a une perspective admirable de voûtes élevées qui s'arrondissent comme pour abriter des tombeaux ; des têtes horriblement impossibles, des fragments de statues moyen-âge, enfin le vénérable ancien propriétaire des lieux, Sa Majesté Julien l'Apostat. Il a vraiment l'air d'un contemporain, dans sa toge de pierre sans écornure, avec son rouleau philosophique en main, et ce regard sans prunelle qui donne aux statues l'impassibilité du sphinx. Que de belles choses dans cet Hôtel de Cluny ! la moindre m'aurait fait penser jusqu'au soir et rêver toute une nuit. Je me suis promis d'y retourner, mais les promesses à Paris sont téméraires, surtout avec mes voyages au cours de Monsieur Cogniet. . . » (1)

Quelques semaines plus tard, notre artiste visite le Musée de Versailles, et, suivant sa coutume, elle adresse à son

(1) Lettre inédite à son frère.

frère le compte-rendu de cette matinée :

« Notre histoire est admirablement écrite sur les murs de ce beau palais. Les salles consacrées aux croisades m'ont causé une émotion indescriptible : tout y est grand, fort, éblouissant d'enthousiasme ; au-dessus, les petits-fils de ces hommes admirables ne m'ont pas moins émue ; puis, j'ai rencontré dans une des galeries, la statue de Jeanne d'Arc, par la princesse Marie d'Orléans, dont les copies ou les dérivés ne donnent qu'une faible idée. Enfin des mille et des mille portraits de rois, reines et princes, depuis Charles VI jusqu'à Louis XVI. . . » (1).

Puisque nous sommes à Versailles et que cette visite au Château a été organisée par la tante N..., dont le mari est général et très bien en cour, anticipons un peu et disons que cette bonne tante, de concert avec quelques amis, avait rêvé de placer notre héroïne auprès de l'impératrice Eugénie, en qualité de lectrice. Durant plusieurs semaines, des négociations eurent lieu, des lettres nombreuses et très énigmatiques furent échangées, car on ne voulait point, au début, effrayer les intéressées en leur dévoilant toute la vérité. On

(1) Lettre inédite à son frère.

laissait entrevoir seulement une situation très brillante, comportant d'exceptionnels avantages où la personne choisie — et l'on comptait fort sur ce dernier argument — pourrait faire beaucoup de bien.

Des fêtes splendides se préparaient alors à Nancy, et l'impératrice devait, par sa présence, en rehausser encore l'éclat. Madame Pau, qui, de même que sa fille, aimait peu les réjouissances publiques et les fêtes populaires, avait résolu d'aller, pendant cette période agitée, se retremper à Domrémy, auprès du berceau de Jeanne d'Arc, et toutes deux sentaient leur cœur se gonfler de joie à la pensée d'accomplir ce cher pélerinage. Elles avaient compté sans la tante N..., qui, instruite de ce voyage, écrivit tout de suite les priant instamment de rester à Nancy, où leur présence, ajoutait-elle, était indispensable. Elles se soumirent, mais non sans regret...

Quelques jours plus tard, Marie Edmée consigne dans son Journal les réflexions qu'on va lire, réflexions qui sembleraient étranges sous la plume de toute autre jeune fille, et qui sont très naturelles de la part de notre héroïne, dont on a pu apprécier le désintéressement et la fière indépendance :

« Si la solution de l'affaire tient à la moindre avance pour être présentée à Sa Majesté, mère et moi déclarons que tout ce que nous pouvons faire est de rester ici... » (1).

Les lignes suivantes, extraites d'une lettre à son frère, nous montrent mieux encore le mobile qui dictait sa noble attitude : « Je ne voulais pas faire croire que j'avais brigué cette position exceptionnelle, et surtout je ne voulais l'obtenir par aucune démarche. Je pensais que, si la Providence avait permis que l'on songeât à moi, elle ferait le reste qui me semblait bien plus difficile. En un mot, cette affaire me paraissait si étrange et si grave que je ne voulais en assumer la responsabilité par aucune démarche qui pouvait la décider... » (2).

Peu après, le 14 août, quand elle apprend la nomination de Louise G... au poste qui lui était destiné, elle éprouve un soulagement réel, puis elle se livre à une sorte d'examen de conscience et conclut ainsi :

« Je suis heureuse de sortir de cette épreuve sans avoir éprouvé un battement de cœur ambitieux, de plaisir ou de regret. »

(1) Journal.

(2) Lettre inédite à son frère.

Le problème de l'avenir, avec ses troublantes perspectives, se pose à nouveau devant elle : « La tristesse me saisit le cœur... la confiance et la prière parviendront seules à la chasser... aussi j'espère... »

Elle sent bouillonner dans son être intérieur des forces latentes, inutilisées, qui ne demandent qu'à s'épancher au dehors ; une seule chose l'épouvante : le repos, l'inaction... Cette âme de feu se sent à l'étroit dans notre société moderne, gangrénée par l'égoïsme et la sensualité. Tout la froisse, la meurtrit et lui fait s'écrier :

« La vie est un pélerinage, rien de plus... il faut bien que la vérité soit là plus qu'ailleurs, car cette parole m'élargit le cœur, me fait respirer et me rend la sérénité que donne parfois l'espérance... » (1).

Et ailleurs :

« Rien ne vaut un instant de solitude en face du calme de la nature, pour vaincre la tristesse amère de l'incertitude... »

Elle ne craint ni l'effort, ni le sacrifice ; elle en veut faire son pain quotidien, ce qu'elle redoute comme un dissolvant, c'est le bonheur

(1) Pages inédites.

humain, et, dans son journal, elle trace, sans hésiter, cette action de grâces si étrange pour un cœur de vingt ans :

« Je remercie Dieu de m'avoir délivrée du bonheur de la terre, où je m'énervais sans m'en douter. »

Et ces autres paroles, non moins étonnantes « J'aime à me fatiguer, il me semble qu'il est bon d'user ainsi la vie... »

Citons encore ces lignes qui révèlent toute l'énergie de cette âme et nous montrent son ascension constante vers les hauteurs : « Pas de mouvement rétrograde, ô mon âme... »

Et plus loin : « Je ne veux plus essayer de raisonner contre le sublime, je veux l'aimer simplement, y courir, le regarder toujours. »

Le travail, mais un travail acharné, l'apaise et lui redonne le calme intérieur... Elle essaye de tirer parti de son talent et entreprend diverses illustrations pour les éditeurs catholiques auxquels on l'a présentée à Paris. Ce genre imposé par la nécessité et qui est plutôt du *métier* que de *l'art,* ne lui sourit guère, mais elle poursuit sa tâche sans plainte ni récrimination, et se contente d'écrire, avec une pointe de tristesse :

« Je m'aperçois que mon art risque beaucoup

à cet exercice du métier; il m'aurait encore fallu au moins deux ans d'études sérieuses... Enfin, à la grâce de Dieu !... je n'ai d'autre ambition que de gagner ma vie... » (1).

Au début de l'année 1868, Mademoiselle Pau inaugure un cours de dessin, et elle éprouve une satisfaction bien légitime en voyant que les élèves qui se font inscrire sont justement celles que sa mère et elle-même eussent choisies... Outre le dessin proprement dit, elle peut enseigner le pastel, l'aquarelle, la peinture sur porcelaine, et les premiers éléments de la peinture à l'huile.

« Le rôle de professeur me plaît ; j'aime cette communication des intelligences. »

Toutefois, elle craint de n'être pas assez préparée pour bien tenir ce rôle, et elle s'absorbe dans des traités de perspective, de géométrie, voire même d'anatomie.

« J'ai là certains cahiers d'anatomie de squelettes et d'écorchés, dont je dissèque une ou deux pages à fond chaque soir » (2).

Cette même année, durant la période des vacances, elle passe un mois à Paris, afin d'étudier les grands maîtres, soit au Louvre,

(1) Pages inédites.
(2) Lettre inédite à son frère.

soit au Luxembourg... Encouragée par les Dames de la Retraite, dont elle est la pensionnaire, munie d'une lettre d'introduction due au Père Perraud, celui-là même qui sera évêque d'Autun, elle va frapper à la porte du Père Gratry.

Le célèbre oratorien la reçoit avec une bonté grave qui ne se répand point en longs discours. Avant de la congédier, il lui remet son dernier livre : *La morale et la loi de l'Histoire* ; puis comme s'il était éclairé subitement par une lueur prophétique :

« Mon enfant, dit-il, j'écris *courage* sur ce livre : me comprenez-vous ? La vie de la femme est passive, à l'ordinaire ; il n'en sera pas ainsi de la vôtre, il vous faudra beaucoup de persévérance et d'énergie. »

Et elle se retire sous un geste qui est une bénédiction.

La jeune artiste s'est trouvée, à différentes reprises, en relation avec des libraires catholiques, elle les a un peu étudiés, et elle formule ainsi son opinion sur leur compte.

« Quoi qu'on en dise, une librairie catholique n'a pas le même aspect qu'une autre. Il y a plus d'ordre, moins d'employés, et ceux-là sont calmes et polis ; l'idée de faire le bien, de propager la vérité y passe avant celle de battre monnaie. Rien n'y choque les yeux comme ailleurs, où l'on voit un grave titre de philosophie ou de morale, à côté d'un livre infect ; car c'est surtout au mélange que tiennent ces vendeurs de poisons. Ne va pas exagérer ce que je te dis ; les éditeurs catholiques sont hommes comme les autres, mais certainement les moins parfaits d'entre eux valent mieux que la crème des autres... » (1)

Rentrée à Nancy, elle reprend avec joie sa vie austère et laborieuse, plus laborieuse que jamais ; outre son cours qui marche aussi bien que possible, elle donne des leçons particulières et fait des portraits... Un jour, une de ses parentes lui apporte un portrait de famille à copier, la personne qui fait faire ce travail désire rester inconnue.

« C'est une jolie tête de femme qui vivait il y a bien cent cinquante ans, je le commencerai demain. C'est un tête à tête original qui me plaît toujours, parce qu'il fait trotter la folle du logis. J'aime beaucoup à causer avec les portraits anciens, un peu vagues et jolis comme celui-là... » (2)

(1) Lettre inédite à son frère.
(2) Ibid.

Avant de clore ce chapitre, parlons de la bague de notre artiste; dessinée par elle-même et exécutée sous ses yeux, elle veut, suivant ses propres expressions, la célébrer dignement... Le morceau est trop long pour être cité tout entier, nous en détachons ce qui suit:

« ... Elle est grise comme l'armure du chevalier qui connaît la bataille; elle est terne comme l'anneau que l'antiquaire exhume de la tombe, car ma bague ne doit pas orner la main qu'elle enchaîne au devoir... Oui, la bague est un lien fort comme l'amour, sacré comme un serment; elle attache pour l'éternité les grandes et fortes âmes... Longtemps ma main droite n'a servi que ma fière volonté, et ma main gauche n'a frémi d'aucun tressaillement du cœur. Enfin j'ai connu la vie, j'ai pleuré... j'ai peut-être aimé, et sentant qu'il n'est pas bon d'être seul, j'ai cherché dans l'univers un roc pour y sceller mon cœur. Je l'ai trouvé.

» L'anneau qui m'attache à mon amour sera de l'argent le plus pur. J'y graverai les noms sublimes de Jésus et de sa mère et le nom de celle qui sauva mon pays...

» Sois fière d'être burinée au signe triplement mystérieux de l'*Etoile* qui veut dire lumière surnaturelle, inspiration, vocation divine ; — de *La Croix de Lorraine* qui signifie patrie, amour, dévouement ; — de *la fleur de lys* enfin qui les unit l'une à l'autre, et qui, pour moi, est le radieux symbole de l'innocence et de la liberté morale...

» O fleur de lys, parle-moi des anges ! Etoile, parle-moi du Ciel ! Croix de Lorraine, fais-moi donc agir et donne-moi la charité !... »

IV

LA FERVENTE DE JEANNE-D'ARC

Une ardente auréole illumine ta tête,
L'éclat des plus grands noms perd à s'en approcher ;
Aux esprits cultivés, vers la Beauté parfaite,
La Croix seule apparaît plus haute que ton bûcher.

(Victor de LAPRADE).

Un des traits distinctifs de Marie-Edmée, et qui lui assigne une place unique, spéciale dans les annales du féminisme, c'est son ardente sympathie, ou plutôt son culte pour la libératrice de la France, pour celle que le Souverain Pontife vient de proclamer bienheureuse... Ce sentiment d'admiration exaltée ne saurait être comparé à aucun autre, c'est la vénération, le respect qui inclinent nos fronts devant les Saints du Paradis ; l'humble hommage des chevaliers d'autrefois pour leur Dame ; la confiance, le tendre abandon d'un ami envers un ami... c'est plus et mieux encore, c'est l'amour passionné de la patrie, se répandant sans mesure sur une créature d'élite qui, par ses hauts faits et sa mort héroïque, semble avoir incarné l'âme de la France.

« Cette guerrière, cette enfant, cet être incomparable absorbe tout mon amour. Elle est le seul sentiment immuable de mon cœur, j'ai douté de tout, hormis de sa mission divine, j'ai ri de tous mes enthousiasmes, et, plus je vis, plus j'admire son histoire. J'ai tout méprisé, hormis sa gloire ; je me repens de tous les battements de mon cœur qui ne l'ont pas eue pour objet, et pourtant Dieu sait que les plus violents ont été pour elle... » (1)

Cette passion débordante, loin de s'affaiblir, ne fait que s'accroître avec les années et tout lui sert d'aliment.

« En réunissant toutes mes amitiés en une seule, je ne crois pas trouver un amour comparable à celui que j'ai pour cette jeune fille, morte depuis plusieurs siècles. Ce nom, quand je l'entends prononcer ou quand je le lis écrit quelque part, me remplit d'une émotion im-

(1) Journal

possible à décrire... Un souffle divin me soulève, et je voudrais avoir des ailes pour aller chercher dans le Ciel ma Béatrix à moi... » (1)

En 1861, Madame Pau, qui partage les sentiments de sa fille au sujet de leur illustre compatriote, organise un voyage ou plutôt un pélerinage à Domrémy. Que de fois, dans ses rèves, la jeune enthousiaste s'est représenté les lieux où s'écoulèrent les premières années de Jeanne ! où elle entendit ses voix et reçut les célestes communications de l'archange Saint Michel.

« Le voyage en Suisse n'est rien auprès de celui-là, écrit-elle, aucune autre partie de plaisir ne peut lui être comparée... »

Le premier objet qui attire l'attention de l'heureuse pélerine, c'est, au seuil de l'Eglise, la statue de la Pucelle, étendant la main comme pour bénir son hameau. Marie-Edmée pénètre ensuite dans la chaumière où Jeanne vint au monde :

« Y a-t-il quelque part un palais ayant abrité n'importe quelle grandeur qui fasse battre le cœur autant que ce réduit ignoré au fond de la Lorraine ?... »

(1) Journal.

Prosternée sur les dalles de la pauvre église où tout lui parle de son héroïne, avec quelle ardeur d'amour elle prie Dieu, les Saints et les Saintes qui font cortège à sa bienheureuse compatriote !... Comme elle est fière d'inscrire son nom sur le registre des voyageurs !...

Mais le temps consacré à leur visite est écoulé, il faut partir, la jeune fille est en voiture et ses regards ne peuvent se détacher de l'horizon qui va disparaître, elle voudrait l'emporter dans ses yeux, dans son cœur ; c'est imposible, elle le sait ; une consolation lui reste toutefois : la certitude qu'elle n'oubliera jamais ces lieux consacrés par de si touchants souvenirs.

L'année suivante, Madame Pau quitte l'appartement qu'elle occupait et vient se fixer rue de la Pépinière ; dans le jardin voisin — ne semble-t-il pas que ce soit une délicate attention de la Providence ? — se trouve une statue de Jeanne d'Arc que Marie-Edmée peut contempler tout à son aise.

« D'ici je vois le soleil caresser la chevelure de bronze de Jeanne d'Arc ; les petits oiseaux, trompés par les rayons de soleil — on était au mois de Février — chantent le printemps sur les branches mortes ; ce calme éternel de la statue que le soleil semble rendre plus froide et plus morte, m'attriste au point de me faire pleurer, si j'osais... » (1)

Le 31 mai, jour anniversaire du supplice de la Sainte martyre, Marie-Edmée se recueille et se plonge dans la méditation de l'injustice du forfait accompli.

» Depuis le premier rayon du soleil d'aujourd'hui jusqu'à la dernière heure du soir, j'y pense, je la vois, je l'entends!... »

Elle prie : « O ma Sainte, ma pure, ma courageuse vierge, conservez-moi, jusqu'à la fin de ma vie, l'amour de la France après celui de Dieu, par-dessus tout au monde! »

Elle s'indigne : « Et nous croyons à la justice humaine, et nous en appelons à la voix du peuple! Il y avait en ce moment-là des hommes qui se croyaient braves et qui l'ont laissée mourir !... La terre me fait horreur, quand ce forfait se dresse devant moi, dans toute sa vérité, au jour de son anniversaire... »

Elle pleure et il lui semble que son cœur va se briser. « A l'heure où l'on approcha la torche du bûcher, j'ai relu tout le martyre

(1) Journal.

de Jeanne. Parvenue à son dernier cri « Jésus ! » Je me suis sentie tellement ébranlée que j'ai donné libre cours aux sanglots qui me gonflaient la poitrine et aux larmes qui baignaient mes yeux. »

Parfois aussi, l'émotion qui l'étreint se traduit d'une autre manière ; elle sent quelque chose qui chante en elle et a besoin de s'exhaler ; alors, toute frémissante, elle saisit un crayon et transcrit les strophes harmonieuses sorties de son cœur.

C'était comme aujourd'hui, par un ciel sans nuage,
De la jeunesse, hélas ! elle voyait l'image
Dans la nature en fleurs, et tout un avenir
Souriait à ses yeux, quand il fallut mourir !
Soleil qui va passer l'horizon déjà sombre,
A cette heure, autrefois, tu te glissais dans l'ombre
Et son triste cachot souriait devant toi.
Jette un rayon de plus dans mon œil qui t'envie
Et je croirai comme elle avoir vu dans ma vie
L'ombre aimée *d'une vierge* expirant pour sa foi.
Souffles tout embaumés d'amour et de tristesse,
Autour des bastions, vous qui flottiez sans cesse,
L'enivrant du parfum des roses et des lys,
N'avez-vous pas gardé les soupirs de son âme ?
Et n'est-ce pas à vous que, dans mon cœur de
[femme,
Je dois ce fol amour que j'ai pour mon pays ?...
O France, donne-moi ce qui reste d'elle !

Que je croie en ta force, en ta gloire immortelle,
Que j'espère en tes fils et que j'aie le bonheur
De mourir comme Jeanne en sauvant ton hon-
[neur !... (1)

En adressant cette poésie à son frère, elle ajoutait : « Si tu veux me comprendre, rappelle-toi qu'il n'y a ni temps ni espace qui me sépare des morts, lorsqu'il s'agit de les aimer ou de les pleurer. »

Elle est dans l'attente, la jeune Lorraine, elle écoute si une voix partie de Rome ne va point prononcer la parole infaillible qui placera sur nos autels sa sœur bien aimée.

« O Dieu ! s'écrie-t-elle, suppliante, quand inspirerez-vous à votre Eglise la canonisation de votre fille de France !... que je voie ce jour et que je meure !... »

Rome a parlé. Jeanne est déclarée *bienheureuse*, mais sa fervente admiratrice ne vit plus ici-bas et c'est dans les splendeurs inénarrables des solennités éternelles qu'elle a célébré ce grand fait...

Pendant les vacances de l'année 1863, Marie-Edmée reprend une seconde fois le chemin de Domrémy. Ce n'est plus la tran-

(1) Poésie inédite.

quillité, le calme du premier pèlerinage : le pays est en liesse, à l'occasion de la remise de l'étendard que les dames d'Orléans ont brodé de leurs propres mains et qu'elles envoient au berceau de leur libératrice. La foule arrive de toutes parts, et il est même assez difficile de découvrir un gîte ; c'est grâce aux démarches obligeantes d'une religieuse que Mesdames Pau peuvent trouver un abri convenable.

Par un sentiment d'exquise délicatesse, Marie-Edmée, le soir de son arrivée, ne veut pas franchir le seuil de la sainte demeure ; il lui semble qu'elle a l'esprit trop préoccupé de détails matériels pour goûter cette joie, comme il convient, elle la réserve au lendemain matin, après sa communion... Voyons ses impressions durant la cérémonie :

« La musique joue, je suis au ciel, car il me semble que Jeanne d'Arc est sur la terre. Toute une foule est là sous mes yeux ; l'étendard de Jeanne flotte au vent, les noms de ses victoires écrits sur des écussons entourent la place, le soleil fait étinceler le tout d'une gloire et d'une allégresse nationales que je n'espérais jamais voir sur la terre de France. Les grands peupliers se balancent et tendent leurs branches vers le ciel, avec un élan de prière que je traduis par une action de grâces. (1)

« Mon Dieu que de pensées et d'images confuses dans mon esprit ! Que d'espérances réalisées ! Que de désirs réveillés !... »

Au retour, elle écrit : « J'ai laissé une bonne partie de mon cœur là-bas ; Domrémy est la terre sainte de mon enthousiasme. »

L'amour, quelque soit sa nature et son objet, veut se communiquer, se répandre : Marie-Edmée nous en fournit une épreuve nouvelle, il ne lui suffit pas d'aimer, de vénérer la vierge Lorraine, elle souhaite ardemment insuffler dans d'autres cœurs, l'enthousiasme qui dévore le sien... Laissons-là parler elle-même et nous initier à ses rêves, ou plutôt à ses projets :

« ... Je me livre à une composition qui sera éditée Dieu sait par qui ?... et quand ?... et comment ?... Et même le sera-t-elle ? Je n'en ai encore rien dit à personne. Il s'agit d'un de ces éternels rêves qui ont pris racine dès notre première enfance, puis qui ont grandi avec notre esprit et ont enfin montré, un jour, une apparence de bouton ; ce premier petit

(1) Journal.

bouton a peut-être avorté, mais un autre est revenu plus vivace, plus fort, et, avec tendresse, on l'a mis à l'abri du froid et de la chaleur... Bref, sans métaphore, mon histoire de Jeanne d'Arc en est à sa quatrième forme. Comme celle-ci est autant dessinée qu'écrite, j'espère qu'elle se terminera...

« Mon idée principale est d'abord d'intéresser les enfants au caractère le plus sublime de l'Histoire de France, c'est-à-dire aux grandes vertus de cette héroïque enfant de notre pays ; les montrer, ces vertus, en germe dans la petite paysanne, et en faire un exemple pour tous, ce qui revient à dire ceci : *Moraliser par l'admiration*... Au lieu des faits, des génies, de toutes les fables qui ravissent tant les enfants, leur montrer l'action de la Providence qui, pour veiller sur le plus humble d'entre eux, a commis ses anges et ses saints. Cela est vrai et souverainement aimable... » (1)

En effet, le projet primitif subit, surtout, dans les derniers chapitres, d'importantes modifications, enfin il reçut sa forme définitive... Le titre, qui exprime bien ce que l'artiste espère réaliser, est gracieux : *Histoire de notre petite sœur Jeanne d'Arc.*

(1) Pages inédites.

« Pauvres feuillets, écrit-elle, où vous envolez-vous ?... Ah ! puisse un seul de vous tomber sous les yeux d'un enfant, et lui donner aussi pour idéal, ma sainte bien-aimée !... »

Texte, dessins, gravures, tout est préparé et sera exécuté par Marie-Edmée seule. Qui pourrait aussi bien qu'elle commenter ses compositions d'une si charmante simplicité ?... Elle s'en acquitte à merveille : son style est sobre, clair, élégant, avec çà et là une pointe d'archaïsme qui en relève la naïveté voulue. Les enfants, auxquels ce livre est dédié, n'auront aucune peine à comprendre ce récit où la sévère réalité s'allie très heureusement à de fraîches et poétiques légendes... Lorsque Jeanne revêt son armure et s'apprête à guerroyer, sa jeune biographe se dérobe : désormais, l'héroïne, dont elle a esquissé l'enfance et la vie pastorale, appartient à la grande histoire...

Tout d'un coup, son œuvre, déjà bien avancée, une partie même gravée et imprimée, l'artiste est prise de scrupules tels qu'il lui est impossible de continuer ; elle craint de n'être pas dans la bonne voie et elle n'ose poursuivre... A qui s'adresser pour être éclairée ?

Qui pourra lui donner les conseils dont elle sent le besoin ?... Grave et troublante question...

Après avoir prié, réfléchi, il lui semble qu'une seule personne possède l'autorité nécessaire pour résoudre ses doutes et la remettre dans le droit chemin, si elle s'en est écartée : c'est Monseigneur Dupanloup, celui qu'elle a nommé *l'évêque de Jeanne d'Arc*...

Au mois d'août 1867, avec l'assentiment de Madame Pau, elle se met en route pour Orléans, emportant les livraisons achevées, les ébauches et les esquisses, tout ce qui a trait à sa chère histoire. Le grand évêque reçoit avec une paternelle bonté la jeune voyageuse, il examine d'une façon bienveillante et attentive les dessins qui sont présentés, mais se montre tout d'abord peu favorable à l'achèvement de la publication.

« Ne brodez pas de légendes, dit-il, une histoire sublime comme celle de Jeanne d'Arc. »

L'artiste défend son œuvre avec passion, exposant les motifs qui lui ont mis le crayon et la plume en main ; puis s'enhardissant peu à peu, elle dit sa vie intime, ses aspirations... elle est comprise ; le prélat, sans laisser transparaître ses sentiments, écoute avec émotion celle que, plus tard, alors que la mort l'aura consacrée, il appellera *l'admirable jeune fille* ; il lui demande seulement le sacrifice du second prénom de la Vierge de Lorraine, *Sybille*, qu'il juge trop païen... L'interdiction fut sans doute levée par la suite, car ce nom figure dans *l'Histoire de notre petite sœur.*

Sous la main bénissante de Monseigneur Dupanloup, la jeune fille s'incline, puis elle se relève fortifiée dans son intelligence et dans son cœur...

Rentrée dans son ermitage, elle reprend son *histoire*, avec un joyeux entrain ; c'est d'ailleurs, ainsi que le dit son biographe, Monsieur Antoine de Latour, « le travail des heures bénies dérobées aux labeurs quotidiens. »

L'année suivante, elle est obligée de prendre un repos de quelques semaines, la gravure sur cuivre lui a beaucoup fatigué les yeux ; un instant même on a eu de sérieuses inquiétudes pour sa vue.

« Mes yeux sont encore malades, mon travail est suspendu... Je suis inquiétée de l'avenir... »

Avant de parachever son œuvre de prédilection, Marie-Edmée veut, une fois encore, revoir Domrémy et les paysages qui l'environnent. Il lui semble que là seulement, refleurira l'inspiration qui, par moments, lui fait défaut. Dans le courant de septembre 1869, elle reprend seule le chemin qu'à deux reprises différentes, elle a déjà parcouru... Suivons-là un peu et ouvrons son journal :

« Ici depuis hier soir... Je me sens plus près *d'elle*, je crois à la communion des corps comme je crois à la communion des Saints... Oh ! que je voudrais mourir ici ! »

Les bonnes religieuses qui l'avaient reçue précédemment ne sont plus, elle regrette surtout Sœur Gertrude, qui lui était fort sympatique.

« Elle est au Ciel avec sa Sainte bien-aimée... Je vais à l'Eglise, là, comme le souffle sort de la poitrine, la prière sort de l'âme... »

La jeune artiste est venue avec l'intention de dessiner les fillettes du village dont les minois éveillés ou un peu timides vont lui servir de modèles pour représenter les compagnes de Jeanne. Le caractère des physionomies a dû se modifier depuis quatre siècles, néanmoins quelque chose du type primitif doit encore subsister.

Elle parcourt les chemins, les sentiers, mais ne saurait y retrouver la trace des pas de sa chère Sainte... Elle souhaite ardemment visiter le bois Chesnu, qui, si souvent, abrita Jeanne sous ses épaisses frondaisons. Il est peu fréquenté et l'accès est difficile ; la jeune religieuse qui l'accompagne, le lui fait observer, mais Marie-Edmée veut y pénétrer, et les obstacles, quels qu'ils soient, ne l'arrêtent pas.

« Je ne vois pas de route, qu'importe ! je saute le fossé et je m'y précipite à tout hasard ; je tombe à genoux sous un lierre et sous un chêne qui se rejoignent et me reçoivent entre leurs bras entrelacés. Que faire dans ce nid, sinon prier et oublier le temps, l'espace, la vie et la mort ?... Il faisait nuit lorsque je redescendis avec sœur Clémentine, j'emportais un rêve de plus qui m'a fait comprendre le Ciel... » (1)

La veille de son départ se place un incident assez futile en lui même, mais qui va nous faire pénétrer dans l'intime de son cœur et nous en découvrir certaines profondeurs insoupçonnées. A la tombée de la nuit, la jeune pélerine se rendait au cimetière, afin de prier une dernière fois sur les tombes de Sœur Gertrude et de Sœur Ursule ; des fillettes de trois à six ans, ses modèles, l'arrêtent et de-

(1) Journal.

mandent à l'accompagner. Elle accepte en souriant ; la bande se grossit peu à peu, et tout ce petit monde trottine gentiment à ses côtés. Tout à coup Angèle, la plus petite de la troupe, se plaint d'être lasse, elle ne peut plus marcher et veut qu'on la porte. Marie-Edmée la prend dans ses bras... Le journal va nous faire connaître ses impressions :

« ... Le petit ange tourne ses bras autour de mon cou et me regarde au fond des yeux, comme si elle voulait voir mon âme, tout en me disant des câlineries. Un autre brin de fillette s'empare de mon manteau, à droite ; sa sœur fait de même à gauche, une troisième tient ma robe par devant, une quatrième est sur mes talons... Il m'est resté de cette promenade, un instinct d'amour maternel. Cette enfant dans mes bras, ces têtes blondes et brunes, à l'aile de mon manteau ; le *Pater* que nous avons récité à genoux sur l'herbe d'une tombe de religieuse, mère des intelligences de deux générations ; les sourires et les caresses un peu timides de ces enfants, tout cela m'a fait éprouver quelque chose de tendre et de fort qui m'a prouvé que je ne suis pas incomplète... » (1)

(1) Journal.

Non, elle n'est pas *incomplète*, mais elle tient à n'être pas asservie, dominée par les tendresses de la terre ; l'amour humain, si pur soit-il, lui semble une déchéance ; elle s'est donnée toute à Dieu et ne se reprendra jamais... Ecoutez ces passages très significatifs :

« Tu aimeras, ô mon cœur, mais ici et non pas là, mais plus loin qu'ici et seulement jusque-là... »

« Allons, courage, mon cœur ! bats, palpite, fais-moi trembler, rougir et souffrir tant que tu voudras vivre. Qu'importe, si tu ne jouis pas de ce qui passe, si tu palpites cent fois plus fort pour l'Eternité, le Bien suprême et l'infinie Beauté ... »

« O Jésus ! c'est vous seul que j'ai toujours aimé ! C'est pour vous seul que mon cœur bat ! Vous seul êtes l'Idéal, gardez-moi comme votre fiancée, quoique rien ne me distingue au dehors. Voyez mon âme, elle est faite pour vous !... »

Cet instinct maternel que Dieu a déposé dans le cœur de toute femme, elle l'a déjà senti et il la fera tressaillir encore. Elle était bien jeune, lorsqu'elle confiait à son journal, ce qui suit :

« ... Il me reste comme dernier épisode de ma journée, la rencontre d'un petit enfant qui apprenait à marcher entre son jeune père et sa jolie maman. Quelle grâce ! quelle délicieuse incertitude ! et cependant quelle mine résolue avait ce petit ange sans ailes, au sortir des bras maternels, quand il s'aventurait seul. Bientôt l'anxiété altérait son visage, il se balançait, pressait le pas, et, tout ému, tendait enfin ses petites mains inquiètes vers son père, presque à genoux pour le recevoir... Alors, il y avait des sourires, des poitrines gonflées par l'inquiétude, qui se dilataient, des airs de triomphe chez le couple heureux : l'enfant savait marcher seul... » (1)

La jeune fille ne veut pas rester sur cette impression d'émotion familiale dont elle craint l'action amolissante ; selon son habitude, prenant son vol vers les cîmes, elle poursuit :

« Je voyais dans ce tableau, comme à travers un voile, toute la vie humaine. Nous partons heureux, insouciants, si convaincus de notre force que c'est à peine si nous nous inquiétons du but, bientôt nous chancelons, nous nous heurtons aux obstacles, le cœur s'oppresse et nous tombons... C'est la mort

(1) Journal inédit.

dans les bras d'un Père ! C'est Dieu... » (1)

Plus tard, après avoir donné une leçon de dessin à un charmant petit garçon, elle écrit :

« Il m'est venu à l'esprit que ce devait être un bonheur incomparable de chérir, d'élever, de soigner un petit être de cette sorte... »

Elle repousse ces impressions comme des fantômes importuns : « ... O Dieu, Dieu sauveur, quand vous verrai-je ?... Quand me dégagerez-vous de ces liens qui m'empêchent de vous voir et de vous approcher. Mon âme est *altérée*, c'esi bien le mot. Oui, j'ai soif, et toutes les sources humaines me dégoûtent ou s'épuisent sans rafraîchir mes lèvres... »

Les montées sont rudes et laborieuses, l'âme exilée ici-bas ne parvient pas et ne se maintient pas à de telles hauteurs, sans luttes et sans déchirement. Par moments, la jeune fille se sent lasse, oppressée, triste à mourir, les joies de la terre murmurent à son oreille leurs cantiques enivrants, elle ne veut pas les entendre et reste victorieuse, mais au prix de quelles agonies intérieures, elle seule eût pu le dire... alors se tournant vers Celui qui est la force unique, le consolateur par

(1) Journal inédit.

excellence, elle s'écrie, soudain rassérénée :

« Oui, Seigneur, prenez mon cœur, trop longtemps j'ai gardé pour moi ce trésor, ce talent, je l'ai enfoui en terre, de peur de le perdre ou de le profaner. Je veux ne m'attacher qu'à vous, je veux vous aimer. Mon âme tombe en défaillance, hâtez-vous de la secourir !... » (1)

Revenons à *l'Histoire de notre petite sœur*. Les premières livraisons ont paru et les souscripteurs se montrent ravis. Les journaux de la région parlent avec éloges de cette œuvre un peu locale, mais bien française, néanmoins.

« C'est une œuvre religieuse et nationale qui n'est pas faite seulement pour les enfants et qui intéresse tous les âges. Nous trouvons ici une vocation sincère, plus occupée du labeur que du succès ; un talent élevé, mêlant volontiers les choses du Ciel aux petits incidents de ce monde. Il y a peu de compositions où quelque ange ne montre au moins le bout de ses ailes, tandis qu'une fleur emblématique se cache à moitié dans les encadrements... » (2)

L'édition originale formait un bel in-quarto illustré de cinquante-deux eaux fortes dont

(1) Journal.
(2) Journal de la Meurthe et des Vosges.

quelques-unes sont vraiment remarquables. Le texte, ainsi que nous l'expliquions plus haut, est en accord parfait avec les dessins, qu'il commente merveilleusement. Une des plus jolies scènes, d'une grâce tout *ailée*, est, sans contredit, *La promesse de Jeanne au sonneur*. Nous ne savons pas résister au plaisir de la citer :

-- Hé, Perrin !

— Qu'est-ce qu'il y a, ma petite Jeanne ?

— Vous avez encore oublié de sonner l'Angelus, hier soir.

— Qu'est-ce que cela te fait, petite ? répondait le gros sonneur. Puis il passait son chemin en haussant les épaules, car il n'aimait pas rencontrer les yeux sévères de Jeanne qui lui rappelaient son devoir.

— Cela me fait une grande peine, dit un jour notre petite sœur, en se penchant à sa fenêtre, voulez-vous savoir pourquoi, maître Perrin ?

— Oui, répondit le gros sonneur. Il s'arrêta devant elle, et Jeanne reprit :

— Est-ce que vous aimez les cloches, maître Perrin ?

— Certes non, petite, elle ne servent qu'à me déranger.

— Vous ne parleriez pas ainsi, si vous gardiez les moutons du matin au soir, tout seul, auprès du bois Chesnu. Pour moi, quand je quittais autrefois le village au son de l'Angelus, il me semblait entendre une voix divine qui souhaitait à la terre le bonjour du Ciel ; à ce bruit, tout s'éveillait et gazouillait sa prière sur ma route, et je priais l'archange Gabriel de saluer, en mon nom, la Reine du Paradis. A midi, la cloche me criait : Repose-toi, Jeanne, et remercie ton Créateur car il fait luire son soleil sur les bons et sur les méchants. Alors, je m'agenouillais humblement, à l'exemple de la Sainte Vierge, en répétant après elle que j'étais la petite servante du Seigneur, toute prête à accomplir sa sainte volonté. Le soir !... oh, maître Perrin, c'est surtout le soir qu'il faut bien sonner l'Angelus, car on attend sa voix sonore avec impatience, là-bas, au fond de nos campagnes. Elle me disait autrefois : Il est tard, Jeanne, viens embrasser ta mère et viens dormir... Elle me dit encore : A genoux, Jeanne, et pense au Sauveur !... Quand cette voix est muette, il me semble que le Ciel m'oublie ; comprenez-vous ma peine, maître Perrin ?

— Pas possible ! Mes cloches te disent de si belles choses, ma petite ? En ce cas, je mériterais bien un verre de vin de plus que les sonneurs des autres villages.

— Eh bien ! voulez-vous faire un marché avec moi, maître Perrin ! Je me lèverai plus tôt, je me coucherai plus tard, et je vous filerai chaque semaine un bel écheveau pareil à celui-ci (1) ... mais vous n'en boirez pas tout l'argent, mon bon maître Perrin ?

— Et je n'oublierai pas de faire chanter l'oiseau du clocher, c'est dit, petite, tu seras contente de moi. »

En 1874, l'Académie Française attribua un de ses prix à *l'Histoire de notre petite sœur*, et comme le dit le rapporteur, « cette couronne offerte à Mademoiselle Pau ne sera qu'une offrande funèbre à déposer sur sa tombe. »

Le luxe de la première édition, son prix relativement élevé, ne la rendait accessible qu'à un petit nombre de privilégiés, c'était fort regrettable ; la famille de l'artiste et l'éditeur l'ont compris, et, depuis une quinzaine d'années, une édition populaire a été faite, ce qui met à la portée de tous ce petit chef-d'œuvre vibrant de foi et de patriotisme.

(1) L'eau-forte représente Jeanne tendant au sonneur un écheveau qu'elle vient de filer.

V

LA SŒUR ET LA PATRIOTE

Le dévouement est l'immolation de soi à l'objet aimé ; quiconque ne va pas jusque-là n'aime pas.

I

Nous savons déjà que Marie-Edmée avait un frère pour qui elle éprouvait une profonde affection, c'est une ressemblance de plus avec Eugénie de Guérin. Toutes deux étaient plus âgées que l'objet de leur fraternelle amitié, et à cause de cette raison, cette amitié présentait un caractère presque maternel et tendrement protecteur. Chez la solitaire du Cayla, par suite de la débile santé de Maurice, ce sentiment se nuançait d'un peu d'agitation, d'une sorte de fièvre : c'était la joie de son cœur, mais aussi son tourment quotidien. Chez notre héroïne rien de semblable, l'amour fraternel s'épanouit joyeusement dans son âme, et lui inspire les plus charmantes industries pour amuser et instruire tout à la fois celui que, à peine âgée de quatorze ans, elle nommait déjà *notre enfant*.

L'année suivante, au moment du départ de son cher Gérald pour la Flèche, elle écrit :

« Pauvre petit frère! passer dix mois sans le revoir... Oh! les départs, les départs, on devrait les mettre au nombre des plus cruelles misères humaines, car ils sont, chaque fois, l'image de la dernière séparation... » (1)

Madame Pau était sujette à de violentes migraines qui, parfois, la retenaient deux jours au lit ; aussi, pour sa correspondance, étaitelle souvent obligée de se faire suppléer par sa fille, surtout quand il s'agissait du cher exilé auquel on écrivait régulièrement chaque semaine. Quoique bien jeune encore, lors du départ de Gérald, pour le Prytanée, quinze à seize ans à peine, la sœur aînée prenait tout à fait au sérieux son rôle de petite mère par procuration, et savait, très adroitement, mêler aux effusions de cœur, aux petites nouvelles de la famille, un utile avertissement, un

(1) Journal.

avis salutaire, un mot d'encouragement ; tout cela dit avec une grâce attendrie et charmante, sans aucune prétention autoritaire : « Laisse-moi te donner un conseil de grande sœurette. »

Elle termine, de la manière suivante, une lettre datée du mercredi des Cendres, cachant sous un tendre badinage, l'austérité de la pensée :

« Je t'embrasse sur ce front qu'on a marqué ce matin du signe de l'avenir ; souvenons-nous que nous sommes poussière, pour nous consoler de la vie et mériter une sainte mort... » (1)

Sa sollicitude toujours en éveil ne néglige aucun détail ; relevons le passage suivant où sa dévotion filiale envers son auguste Patronne se confond avec sa tendresse pour son bien-aimé frère :

« A peu près à l'heure où tu t'embarqueras, nous irons à Bon-Secours (2) ; soit sur terre, soit sur mer, l'étoile est toujours nécessaire au voyageur, et la main d'une céleste Protectrice ne semble-t-elle pas encore plus utile pour éviter les dangers de ces voies ferrées, avec leur

(1) Lettre inédite à son frère.
(2) Sanctuaire en grande vénération, à Nancy.

bouillonnantes machines, que pour guider une barque sur l'immensité des eaux ?... C'est à la Sainte Vierge que nous te confions, cher petit frère, invoque-la aussi, au moment du départ. » (1)

A chaque phrase, presque à chaque mot, on sent palpiter le cœur aimant de la sœur dévouée ; prenons pour exemple une de ses fins de lettres :

« Au revoir ! aime-moi toujours comme je t'aime, et je serai la sœur la plus aimée et la plus heureuse de notre belle France. »

Une autre fois, faisant allusion à ses missives hebdomadaires, elle dit :

« Quant à mon cœur et à mon affection, ce n'est pas tous les huit jours que j'en fais l'envoi ; cette partie de moi-même est en état de service journalier à ton égard. » (2)

Afin de se faire mieux écouter et pour ne pas fatiguer l'attention de l'écolier encore bien jeune, elle emploie, de temps en temps, le langage de la poésie. La pièce que nous allons citer, nous semble particulièrement remarquable et par les sentiments si vrais qu'elle ex-

(1) Dernière lettre de l'année scolaire 1861-1862.
(2) Lettre inédite à son frère.

prime et par la façon heureuse dont ils sont rendus.

L'oiseau s'en va chercher dans les îles lointaines
Un soleil et des fruits inconnus à nos plaines,
Il part et nous pleurons ; mais l'exil doit finir,
A l'aspect des beaux jours on le voit revenir.
Et pourquoi revient-il ? Oh ! c'est que la vallée
Cache, sous un vieux mur et parmi la feuillée,
L'abri qu'il cherche en vain dans un pays plus beau :
Paille, brin d'herbe et mousse : un nid... C'est son berceau.
Emigrant comme lui tu quittas la famille,
Pour l'arbre au fier maintien tu laissas la charmille ;
Ton ciel est parsemé d'astres plus radieux
Et tes jardins ornés de fruits plus savoureux...
Un jour, fruits et vertus, chauds rayons de science
Remplaceront pour toi les trésors de l'enfance ;
Mais si tu veux garder l'amour, — comme l'oiseau
Ouvre ton aile, frère, et reviens au berceau. (1)

Pour fêter plus dignement le quinzième anniversaire de ce frère tant aimé, le jeune poète va de nouveau prendre sa lyre et en tirer les accents les plus harmonieux.

Le morceau est un peu long, mais il perdrait quelque chose de sa grâce, s'il était abrégé.

(1) Poésie inédite.

Frère, ne cherchons pas à fendre de nuage
Qu'on appelle avenir. Il embellit l'azur,
Il peut cacher l'étoile ou préparer l'orage,
Nous confier en Dieu, c'est toujours le plus sûr.

Aimons comme un ami chaque instant qui s'écoule ;
Il emporte et doit rendre à notre âme, ses dons,
[roule,
Il semble que tout meurt dans ce gouffre où tout
Notre bien, notre mal pourtant y germeront.

« Qu'est-ce que le présent ? — Dit l'humaine folie.
« Un souffle... moins que rien. — Bâtissons l'avenir. »
Et c'est ainsi qu'au bout d'une inutile vie,
Pauvre et le cœur vide, on en voit tant mourir !

Aujourd'hui, frère aimé ! c'en est fait de l'enfance ;
Il faut lui dire adieu, ce mot sied à ce jour.
Oui, Seigneur ! recevez nos trésors d'innocence,
Et donnez au présent votre force en retour.

Donnez ce que demande un courageux pilote
Entre le Ciel et l'eau, lorsqu'il se voit perdu,
Quand il sait qu'à l'endroit où sa nacelle flotte,
Plus d'un marin passa qui n'est pas revenu.

Un phare dans la nuit !... Car l'ombre, d'heure en
[heure
Grandit, mystérieuse, autour de vos enfants,
Sans leur guide céleste, à la Sainte demeure,
Les mages n'auraient pu descendre triomphants. (1)

(1) Poésie inédite.

Un peu plus tard, elle ne craindra pas, en dépit de sa jeunesse, d'aborder les sujets les plus graves, l'affection vraie a toutes les témérités qui, presque toujours, lui réussissent.

« Sois homme, écrit-elle. Je ne te dis pas : sois mannequin ; sois singe... les singes et les mannequins peuvent se trouver quelque ressemblance avec l'homme, mais les uns manqueront toujours de volonté, d'initiative ; les autre n'auront jamais ni cœur, ni vie... Nous savons cependant que ces deux caricatures composent la masse du genre humain... Et voilà ce dont j'ai peur. » (1)

Dans une autre missive : « Quand une action est bonne ou reconnue préférable à d'autres, par notre conscience, il serait lâche de ne pas la faire, parce que d'autres ne la font pas, et cela dans les petites choses aussi bien que dans les grandes : on n'a de caractère qu'à ce prix... » (2)

Ce sujet lui tient au cœur, témoin ce passage extrait d'une autre lettre et qui semble être le développement et comme une sorte de commentaire du fragment que nous venons de citer :

(1) Lettre inédite à son frère.

(2) Ibid.

« Tu as des amis plus grands que toi, mon bien-aimé Gérald — j'entends plus hauts de taille — ils te diront un jour, et qui sait s'ils n'ont pas déjà commencé ? : « Fais comme tout le monde ». Jolie chose que tout le monde ! ce qu'il y a de plus sot, de plus inepte, moutons de Panurge sautant dans la vase, par crainte de rester seuls et purs, sur une rive, tandis que leurs compagnons arrivent boueux et en grand nombre, de l'autre côté... Voilà ce que c'est !... Et toi qui as de l'intelligence et du cœur, du courage, de la piété surtout, toi que ta mère, que ta sœur, toute une tribu de parents et d'amis couvent du regard, tu serais cela ! Marche droit dans la ligne du bien, du devoir, et ne dissipe pas les trésors que Dieu a déposés dans ta tête et dans ton cœur et dont il te demandera compte... » (1)

Les bulletins trimestriels sont attendus avec une fiévreuse impatience, dans le petit ermitage de la Pépinière ; toujours, ces bulletins sont excellents, parfaits, on pourrait dire ; aussi avec quelle fierté joyeuse Marie-Edmée adresse-t-elle au jeune écolier ses plus chaleureuses félicitations :

(1) Lettre inédite à son frère.

« Laisse-moi maintenant t'embrasser et te complimenter à cause de ton bulletin. Travaille toujours ainsi, mon bon chéri, et qui sait ? un jour tu pourras voir ton nom sur un beau médaillon d'honneur, à côté de ceux de Henry IV et de Napoléon ; ils ont été petits aussi, ils ont travaillé comme toi, et, comme toi, Napoléon fut élevé aux frais de l'Etat... Mais combien ce serait abaisser notre intelligence, notre cœur, si notre travail, notre intelligence, nos ambitions ne tendaient uniquement qu'à une gloire terrestre et orgueilleuse ! Quel compte à rendre à celui qui nous a donné les précieux talents de l'intelligence et du cœur, si nous enfouissions ces talents dans la terre des ambitions humaines!... Non, quand, auprès d'une bonne mère, on a appris à aimer Dieu, tout s'efface devant Lui, on lui offre son travail et c'est à Lui qu'on rapporte ses succès... » (1)

Puis, abandonnant les hauteurs où se complaît son esprit sérieux et méditatif, elle revient au détail de ses travaux journaliers. Il lui est très doux d'initier le cher éloigné aux mille petits incidents de leur tranquille exis-

(1) Lettre inédite à son frère

tence; en agissant ainsi, il lui semble presque être réunis.

« Nous sommes dans les mousselines, soies, franges et tapis jusqu'au cou. Monsieur le Curé, cédant aux instances de toute la paroisse, nous permet d'organiser un mois de Marie. Je t'en ferai le dessin et te l'enverrai la semaine prochaine... Je finis mon bavardage, les rideaux, la colle, etc., m'appellent ; je vais travailler pendant que Mère dort (elle avait sa migraine) ; il faut donc travailler pour deux... » (1)

Pendant près de deux ans, malgré ses études, ses occupations multipliées, la sœur aimante et dévouée trouve le temps, chaque semaine, de rédiger une petite gazette, qu'elle a baptisée du nom gracieux de *Ma Colombe, messagère de Nancy à La Flèche*, gazette qui contient, comme un vrai périodique, des faits divers, une chronique locale, des jeux d'esprit et un feuilleton !... oui, un feuilleton qui se poursuit durant plusieurs semaines. Le tout écrit en caractères quasi microscopiques, car il faut faire tenir dans les quatre pages d'une feuille de papier à lettres, format ordinaire,

(1) Lettre inédite à son frère.

tout ce que nous venons d'énumérer, en plus de la correspondance accoutumée.

Ce n'est pas tout encore, afin d'intéresser son jeune lecteur davantage, elle illustre ses feuilletons ; ces ravissants dessins représentent un ou plusieurs personnages du feuilleton en cours.

« Ces dessins, rapporte Monsieur de Latour, son biographe, passaient quelquefois du pupitre de l'écolier, dans l'album de ce brave général Lecomte, à qui la commune devait faire la destinée d'un martyr. »

Il n'est pas besoin de dire combien Marie-Edmée était heureuse de voir arriver les grandes vacances ; c'était le seul revoir de l'année, elle comptait les semaines, les jours, presque les heures, et enregistrait soigneusement les faits et gestes de ce temps fortuné.

« Plus tard, il me sera très agréable de retrouver quelques traits de cette bonne vie des vacances si charmante dans l'ensemble, si intéressante dans les détails. »

Voici le compte-rendu d'une promenade aux environs de Saint-Dié, alors que toute la bande joyeuse des cousins et des cousines était réunie. Fidèle à ses habitudes de réflexion, la jeune fille dégage une leçon morale et pratique de ce qu'elle a vu dans la journée, et cette page de souvenirs se clôt sur une prière d'action de grâces :

« Sans être magnifique, le ciel aujourd'hui n'était pas sombre, mais il faisait un vent effroyable, si bien que pour garantir mes pauvres dents de ce zéphir d'automne, j'avais rabattu le capuchon de mon manteau, ce qui (j'en juge par les regards effarés des paysans que nous rencontrions) donnait à ma tournure un aspect des plus original. Dire combien de forêts nous avons traversées et leurs noms respectifs, serait chose fort difficile ; tout ce que je sais, c'est que j'éprouvais un charme infini à fouler la mousse fraîche et à regarder le Ciel à travers les branches des sapins. J'enviais les charbonniers et les druidesses, j'enviais les bûcherons et les loups, je crois même que j'entrevoyais la possibilité d'imiter Robinson Crusoé dans les Vosges, lorsqu'un homme, débouchant d'une clairière, se présenta devant nous : je pensai tout de suite au fantôme de la forêt du Mans, et je sentis un frisson glisser sur mon cœur. Heureusement pour moi, je n'étais pas Charles VI, et le soi-disant fantôme, examiné de plus près, n'avait rien d'effrayant qu'une hachette suspendue à sa ceinture. Nous voulûmes lui demander notre chemin, mais le pauvre homme. montrant sa bouche et le ciel, d'un geste mélancolique, nous fit comprendre qu'il était sourd et muet. Comme il disparaissait à travers le sentier que nous venions de parcourir, nous l'aperçûmes se retourner plusieurs fois. Ce geste effraya mes cousines qui ne voyaient en lui qu'un mendiant, peut-être un voleur, tandis que le pauvre homme se retournait encore pour contempler la caravane jeune et pittoresque qui l'avait abordé. Il faisait sans doute des réflexions sur notre gaieté et notre élégance, comparées avec sa tristesse, sa pauvreté et son isolement. Je sentis des larmes dans mes yeux et de la pitié dans mon cœur. Charles VI, Robinson et les druidesses s'effacèrent de mon esprit, comme disparaît le brouillard ; j'appréciai le prix d'une famille, de la jeunesse et des dons que Dieu m'a faits... tous mes sentiments se confondirent en une action de grâces et en une prière pour les abandonnés qui vivent sans affection, au milieu d'un monde où l'on méprise la pauvreté. » (1)

(1) Journal inédit.

Au mois de Mai 1865, une exposition a lieu à Metz ; notre jeune artiste, suivant les conseils qui lui sont donnés de différents côtés, a envoyé plusieurs dessins ; elle profite de cette circonstance pour visiter avec Madame Pau cette intéressante ville qu'elle ne connaît pas.

Dès qu'elle est de retour, elle prend la plume et se hâte de raconter à son frère les diverses impressions qu'elle a ressenties, combien elle aurait souffert si elle eût pu prévoir qu'avant six ans révolus, le Drapeau tricolore ne flotterait plus sur les remparts de Metz *la Pucelle !* Que Dieu est bon de nous voiler l'avenir !...

« Dimanche, nous sommes allées à Metz, il n'y avait presque personne à l'exposition, mais foule énorme à la foire. Notre voyage a été très agréable ; nous avons vu le Musée, la cathétrale, une vieille église où nichent et gazouillent les hirondelles ; la statue du Maréchal Ney, tout cela perché l'un sur l'autre, dans l'enceinte des remparts. A travers le présent, je voyais le passé, et la ville y gagnait, grandissant par les souvenirs évoqués. J'ai vu deux soldats qui m'ont touchée, l'un à genoux comme un enfant, sur la dernière marche du chœur, à la cathédrale, au pied de la statue de la Sainte-Vierge ; il priait encore, lorsque nous avons quitté l'église.

« L'autre soldat s'est arrêté sur le pont-levis de la porte pour lire l'incription sculptée à droite, où il est dit qu'au XVIe siècle, Metz fut sauvée de l'invasion étrangère par le dévouement du boulanger *** Donc, mon brave soldat s'arrêtait comme devant un lieu béni ; il se découvrit avec respect, pour honorer le courage et le patriotisme d'un homme mort il y a trois cents ans... » (1)

A la fin de cette même année, elle adresse à son cher Gérald, les lignes suivantes, qui la peignent tout entière, avec sa foi ardente, son superbe dédain pour ce que le monde estime et recherche :

« Dans ma dernière causerie, j'ai oublié de te souhaiter ta fête. Je répare ma faute aujourd'hui, en t'embrassant, en faisant mille vœux pour ton *élévation*. Oui, que tu grandisses dans le beau, le vrai et le bien. Que tu deviennes toujours meilleur et plus éclairé ; le bonheur est depuis longtemps rayé de mon programme. — N'est-il pas étrange de voir

(1) Lettre inédite à son frère.

une telle réflexion sous la plume d'une jeune fille de vingt ans ? — du moins je le relègue au second plan. Il comptera toujours un peu dans ce *surcroît* dont parle l'Evangile... » (1)

Les mois, les années ont passé, l'enfant est devenu un jeune homme, il lui faut maintenant songer à se créer une situation : sa haute intelligence, l'éducation très soignée qu'il a reçue et dont il a si bien profité, lui permettent un peu de choisir, mais au milieu des conseils contradictoires qui lui sont donnés de plusieurs côtés, il semble d'abord indécis... C'est chose si grave de prendre une détermination qui engage toute la vie... Sa sœur qui comprend l'importance capitale de ce grand mot *vocation*, très souvent détourné de sa véritable signification, partage ses anxiétés et s'efforce de le soutenir et de l'éclairer. Il avait à peine dix-sept ans que sa vigilante affection se préoccupait déjà de l'avenir de ce frère bien-aimé, et à cette époque, elle lui écrivait ce qui suit :

« Plus on est impartial dans le choix d'une vocation, plus il semble qu'on doive douter de tout, tant le bien et le mal se mêlent aux ac-

(1) Lettre inédite à son frère.

tes de la vie. A moins d'un génie spécial qui pousse comme fatalement un individu vers une carrière — et là encore, mieux qu'ailleurs, la Providence est visible — Dieu seul est l'illuminateur par excellence et le Saint-Esprit peut nous faire prendre la voie véritable. Comment cela se fait-il ? Je ne saurais te le dire, mais il est certain qu'une lumière intérieure nous éclaire, sans que nous sachions d'où elle vient. Etudie-toi, tu l'apercevras, il faut demander cette lumière, quand elle nous est nécessaire... » (1)

Quelle foi !... et combien il serait à désirer que nos jeunes Françaises du vingtième siècles comprissent, comme cette admirable jeune fille, leur mission d'amour auprès de ceux qui les entourent !...

Et cet autre fragment où le *Sursum corda*, l'*Excelsior*, résonne comme une fanfare. « Il me semble, cher bien-aimé Gérald, que le grand effort à faire est de regarder *en haut*, afin de trouver la beauté véritable et de voir *de haut* les hommes et la terre, avant de se mêler à ce qui s'y fait. Il est presque naturel à un caractère comme le tien de voir *de haut*,

(1) Lettre inédite à son frère.

mais l'esprit de notre temps met tant de brouillards entre nous et le monde que je crains pour ceux que j'aime *la fatigue de regarder sans rien voir*, c'est pour cela qu'il faut prier... chaque soir, nous pensons à toi, à Bon-Secours ; unis-toi à nous quelquefois... » (1)

Ainsi qu'il était facile de le prévoir, le jeune homme, après quelque hésitation, fixe son choix sur la carrière militaire : pouvait-il en être autrement dans cette famille où, des deux côtés, on avait porté, on portait encore l'épée ? Gérald n'était-il pas le frère d'âme de Marie-Edmée qui, à l'âge de seize ans, traçait ces lignes enflammées ?

« .. Le maréchal Mac-Mahon fait à l'instant même — octobre 1862 — son entrée à Nancy, où il remplace le maréchal Canrobert. La musique, les tambours battent aux champs, les clairons, la voix céleste des cloches, le bruit du canon, tout cela parvient jusqu'à nous et m'enivre... Je suis dans une frénésie de gloire, dans un de ces moments où pour immortaliser mon nom, je donnerais la moitié de ma vie et tout mon bonheur... Il y a un écho au fond de mon âme qui répond à ces harmo-

(1) Lettre inédite à son frère.

nies lointaines. Pourquoi mon cœur bat-il ainsi, au roulement du tambour ? Pourquoi le bruit du canon, l'odeur de la poudre me bouleversent-ils ainsi ?... » (1)

Qu'eût-elle senti, qu'eût-elle pensé si, quarante ans plus tard, dans cette même ville de Nancy, elle avait vu ce triomphe, ces honneurs qui l'enivraient, rendus avec plus d'enthousiasme encore à ce frère tant aimé ?

II

En 1870, quelques semaines seulement avant la date fatale, la jeune fille écrivait dans son confident journalier les lignes suivantes, tout imprégnées d'une si pénétrante mélancolie :

« Laissons couler nos pleurs, les roses se flétrir, la vie s'émietter comme les grains de sable de la mer, demain je ne serai plus, pourquoi donc tant s'émouvoir de l'avenir ? Il sera ce que Dieu voudra, ce qu'Il a résolu et ce que j'ignorerai jusqu'à mon dernier jour !... » (2).

(1) Journal.
(2) Journal inédit.

Ne croirait-on pas que la jeune Lorraine ait eu le pressentiment des événements terribles qui se tramaient dans l'ombre et qu'elle ait senti l'approche d'un mystérieux danger ?...

Quelle souffrance pour elle, lorsque la déclaration de guerre est affichée et qu'aucun doute ne saurait plus subsister ! Laissons-lui la parole :

« ...Vers six heures, je monte dans la chambre où l'on m'appelle pour me montrer la dépêche télégraphique donnée par notre journal : *Déclaration de guerre à la Prusse*. Que Dieu nous soit en aide et qu'Il nous pardonne ! Oui, qu'Il nous pardonne, car nous avons largement mérité la punition qui s'avance... Le soir, dans la chapelle de Bon-Secours, tandis que mère allumait un cierge, la raison d'être des fléaux historiques, tels qu'une guerre, une peste, me tourmentait l'esprit. L'expiation inerte et inutile est-elle un fait ou une loi du plan divin ? Je crois que la douleur, pour la société comme pour l'individu, est destinée à relever la nature humaine en la purifiant, mais à la condition d'être comprise (1).

A la douleur patriotique s'unissent dans le

(1) Journal.

cœur de Marie-Edmée de vives inquiétudes pour son frère chéri qui, nommé sous-lieutenant, va être envoyé sur le théâtre de la guerre. Elle qui regrette amèrement que son sexe ne lui permette pas d'exposer sa vie sur un champ de bataille, tremble en songeant aux dangers que Gérald va courir...

A la date du seize juin, nous lisons dans son journal : « A trois heures, lettre de Gérald. Dieu soit béni ! Tendre, triste, courageux, voilà bien tout mon frère. Il clôt sa lettre au moment où il apprend la nouvelle définitive ; maintenant, où est-il ? » (1).

Quelques jours plus tard, ces deux lignes si poignantes dans leur simplicité laconique :

« Il pleut ce soir. J'allais dire : On pleure. C'est que tout est lugubre autour de nous. On bat la générale... Qu'est-ce que cela ? »

Les événements se précipitent, et quels événements !.,. Si l'écho en fut si douloureux dans les autres parties de la France, quelle dut être, sur la frontière, l'impression produite à l'annonce de ces batailles perdues, de ces déroutes, de ces massacres dont le souvenir demeure inoubliable !...

(1) Journal.

Le 7 août, Marie-Edmée, qui revenait d'une sortie matinale, lit, affichée sur les murs du théâtre, une dépêche se terminant par ces mots terrifiants, qui s'enfoncent dans son cœur, comme un glaive : *L'ennemi est sur le territoire !...*

« J'arrive à la messe, où je pleure abondamment, sans remords d'être faible, car j'entends dire que le Christ a pleuré sur Jérusalem. O Lorraine, Lorraine! boulevard héroïque de la vieille Gaule, tu vas donc la livrer aux ennemis !... » (1).

Le lendemain, Madame Pau et sa fille apprennent la défaite de Wissembourg, la mort du général Douai, l'héroïsme de nos soldats vaincus par le nombre ; malgré sa force d'âme, la jeune Lorraine est atterrée, et, comme elle dit : « Il m'a semblé alors que quelque chose se brisait dans ma poitrine. »

Elle se ressaisit bientôt, et une pensée follement généreuse s'empare de son esprit...

« Il m'est venu l'idée que je pourrais bien partir pour Wissembourg, chercher Gérald, le voir mort ou même ne voir que la terre de ce lieu d'agonie de mon frère ; qu'importe

(1) Journal.

que ce soit peu, pourvu que ce ne soit pas rien !... »

Elle explique son projet à la mère du général de Lacharrière ; celle-ci, qui se sent émue, subjuguée en quelque sorte par l'ardente volonté qu'elle lit dans les yeux de la sœur dévouée, la conduit à la subdivision militaire. Le général, un peu fébrile, un peu impatient, rassure la jeune fille, ou, du moins, essaye de le faire, en lui disant que le 78e, le régiment de son frère, n'a pas donné. D'ailleurs, il ne pourrait lui fournir le sauf-conduit nécessaire, car le chemin n'est plus libre...

Un peu déçue, Marie-Edmée ne renonce pas complètement au dessein qu'elle a formé ; elle le mûrit et en ajourne l'accomplissement dans un avenir prochain, les circonstances deviendront peut-être favorables...

De tous côtés, les ambulances s'organisent ; à Nancy, les dames, les jeunes filles du meilleur monde se rendent à la gare, pour l'heure des trains, afin de porter aux soldats, qui arrivent épuisés, des provisions : bouillon, vin, cigares, etc. Pas n'est besoin de dire que Madame Pau et sa fille ont été des premières à prendre le brassard de la croix de Genève.

Marie-Edmée fait plus encore : de concert avec ses amies et ses élèves, elle organise une association qui se joint aux dames de la Croix-Rouge, et se consacre entièrement aux blessés. Elle a voulu se mettre, elle et ses compagnes, sous la protection de sa Sainte bien-aimée ; l'insigne choisi comme marque de ralliement est la croix de Lorraine avec cette inscription : *Compagnie de Jeanne d'Arc. Vive labeur !* et, un peu plus bas, le mot de la Pucelle, devant ses juges, à Rouen : *Ego sum missa ex parte Dei* (Je suis envoyée par Dieu).

Bientôt, un malentendu fait écarter momentanément les femmes des ambulances ; ne se sentant plus utile, Madame Pau cède aux instances de sa famille qui la presse de venir à la campagne, et elle se décide à quitter Nancy.

Ouvrons le journal de Marie-Edmée :

« ... Pourquoi fuir ? Qu'est-ce que je crains, moi ? Rien. Ma pauvre mère, tout... Si j'étais utile à Nancy, je trouverais en moi de quoi persuader mère ; je n'ai plus qu'à sacrifier mes goûts, mon désir de voir et d'agir quand même, à la satisfaction de ma bonne mère ; donc, je fuis... » (1)

(1) Journal.

Combien leur arrivée à Romémont diffère des précédentes ! Ce ne sont plus les frais éclats de rire, les épanchements joyeux d'antan... les visages sont mornes, abattus, et le sourire de bienvenue qui accueille les fugitives est tout mouillé de larmes...

Trois jours plus tard, une lettre apprend à Madame Pau que son fils a été blessé légèrement à la jambe, et que le lendemain, il doit arriver à Nancy, avec un convoi de blessés. Tout à la fois inquiète et rassurée, elle fait atteler immédiatement une voiture et, suivie de sa fille, elle reprend le chemin de Nancy. Toutes deux se rendent à la gare, en grande hâte ; de tous côtés arrivent des trains charriant des blessés, des mourants : « Ce sont des cadavres ambulants » écrit Marie-Edmée...

Secondées par les jeunes gens de la ville qui soutiennent les soldats exténués, les infirmières portent à ces derniers quelque breuvage fortifiant... Sur ces entrefaites, Madame Pau guidée par son amour maternel, fait la rencontre providentielle d'un soldat appartenant au régiment de son fils ; le pauvre garçon ignorant qu'il a devant lui la mère de son sous-lieutenant, raconte que celui-ci, au combat de Wœrte a reçu au poignet droit, une blessure très grave, il prononce même le mot d'amputation. Nous l'avons tous entouré, poursuit-il, mais il a répondu : « Bah ! ce n'est rien ! C'est qu'il est courageux autant qu il est bon pour le soldat. »

En écoutant ces détails, la malheureuse mère est navrée de douleur, et sa fille, qui est venue la rejoindre, mêle ses larmes aux siennes...

« ... Hélas ! on se croit prêt à tout supporter, écrit cette dernière, quand l'imagination nous montre les douleurs possibles ; mais que la réalité de ces douleurs est étonnante !... »

La triste nouvelle qu'elles viennent d'apprendre a comme galvanisé les deux affligées, et c'est avec un redoublement de zèle et d'ardeur qu'elles remplissent leur mission d'infirmières. Toute la nuit, elles se multiplient auprès des malheureux que les trains amènent sans cesse, quelques-uns somnolent, mais la plupart, hâves, défigurés, l'uniforme souillé de boue, ont des yeux de fièvre, et tendent leurs mains suppliantes... Ce qui réconforte un peu l'âme si française de Marie-Edmée, c'est de voir que la flamme patriotique n'est pas éteinte chez ses infortunés. Un petit soldat à moitié mort, ne donne signe de vie que si on tente de lui enlever le fusil qu'il garde obstinément entre ses jambes ; un autre moins gravement atteint, et tout courbé sous le poids de son sac à munitions, ne consent pas à s'en débarrasser, espérant s'en servir bientôt contre l'ennemi...

Afin d'augmenter l'horreur de cette lugubre nuit, la pluie tombe à torrents avec un bruit qui fait songer à des sanglots étouffés, le sifflet strident des locomotives qui déchire l'air de temps en temps, semble un cri d'alarme ou un appel désespéré...

Vers le petit jour seulement, Mesdames Pau exténuées de fatigue, brisées par les émotions, regagnent leur ermitage pour y prendre un repos de *deux heures*, bien nécessaire...

Après avoir assisté à la messe de huit heures, elles regagnent la gare et y continuent leur service charitable, tout en guettant l'arrivée de leur cher blessé. Dans l'après-midi, elles s'échappent un instant, puis nous les retrouvons à leur poste. Elles ont bientôt l'affreuse angoisse de constater que le pain fait défaut, et elles ne peuvent apaiser la faim des malheureux soldats, débris de l'armée de Mac-Mahon, qui défilent devant leurs yeux attristés et vont s'engouffrer dans les wagons ouverts pour les recevoir.

Marie-Edmée en passant près du buffet de la Gare aperçoit un général auquel un voyou — aujourd'hui nous dirions un apache — vient d'adresser les injures les plus grossières ; remuée jusqu'au plus intime de son être, par cette insulte qui lui paraît en même temps une insulte à la France meurtrie, elle s'avance vers ce général qu'elle ne connaît pas, qu'elle ne connaîtra jamais, et, avec un sentiment de filiale compassion : « Au revoir ! général, dit-elle, et que Dieu vous garde ! » Madame Pau, elle aussi, adresse à l'officier quelques mots réconfortants. Emu, ce dernier s'arrête, ses yeux s'embrument de larmes, il les fixe un instant sur le beau visage de la jeune fille ; puis, tendant la main à ses deux consolatrices : « Merci, Mesdames », murmura t-il, et il s'éloigne, ayant au cœur un rayon d'espoir. .

Notre héroïne est loin d'avoir vidé son calice ; les gouttes les plus amères sont demeurées au fond et il lui faudra tout épuiser...

Le 12 août, les Prussiens font leur entrée dans la citée nancéenne, et l'ardente patriote écrit dans son journal :

« Pauvre cher Nancy ! il me semble que tu es dénaturalisé depuis que ces chevaux prussiens ont foulé tes rues, le soleil lui-même a l'air de venir d'outre Rhin... » (1)

Une autre épreuve, d'un genre tout particulier, lui est encore réservée... Nos blessés et nos malades ont été évacués dans les hôpitaux et les ambulances particulières ; on ne voit plus aucun soldat français, et cependant, après un court repos, la gare de Nancy se trouve encombrée de blessés aux uniformes étranges, attendant, eux aussi, secours et consolation. Mesdames Pau et d'autres infirmières sont priées de reprendre leurs fonctions... Au moment où Marie-Edmée s'approche d'un wagon, elle reconnaît, dans les malheureux qui le remplissent, des soldats prussiens.

« O ma France chérie ! ô nationalité, ô patriotisme ! quelle irruption tu fis alors dans mon cœur ! A cette idée que j'allais servir les ennemis de mon pays, une terreur répulsive m'étreignit la gorge... Ce jour-là, je fis mon service comme un automate, et je n'éprouvai un peu de soulagement qu'après avoir serré la main du seul soldat français qui fût dans le train. » (2)

(1) Journal.
(2) Ibid.

L'ermitage de Mme Pau abrite aussi des ennemis, mais ils sont d'origine polonaise et, grâce à cette circonstance, la jeune Lorraine n'éprouve à leur égard qu'une profonde pitié, qui se muerait facilement en sympathie :

« ... Je verrai toujours le noble et beau visage d'un de ces pauvres soldats. Il ne mangeait pas, ne disait pas un mot, et après avoir brossé son harnachement, il resta seul assis dans la petite cour.... Mère leur offrit de l'encre et du papier pour écrire à leurs familles, et elle revint me dire que j'avais deviné leur nationalité. Le soldat triste avait montré à Mère son pays (frontière de la Pologne) sur une des cartes pendues dans mon atelier. » (1)

Malgré leur mission charitable qui absorbe la plus grande partie des journées, la préoccupation constante des deux femmes, c'est le sort du fils, du frère tant aimé, dont elles n'ont plus rien entendu dire, depuis que le soldat du 78e leur a parlé d'amputation. On peut tout craindre en semblable occurence ; ce silence complet, si lourd au cœur, est déjà une véritable torture et les jours paraissent des siècles...

(1) Journal.

Enfin, le 31 août, elles reçoivent, non pas par la poste, mais grâce à un membre de la Croix-Rouge, une lettre du cher aimé, et le porteur de la missive leur fait espérer que le blessé sera bientôt de retour.

Quelle joie pour la sœur dévouée de tenir en ses mains la lettre si ardemment désirée!...

« Quoique l'écriture fût changée, c'est bien là notre Gérald, son incomparable modestie, sa sincérité, sa délicatesse. Tout était lui... » (1)

Nos lecteurs pourront apprécier si ce jugement fraternel est exagéré, car nous avons la bonne fortune de posséder une copie de cet intéressant document, confié par la famille Pau, et nous le reproduisons avec la plus exacte fidélité :

« Bonne mère, comme je ne sais si aucune des lettres que je t'ai fait écrire est parvenue à son adresse, ou plutôt comme j'ai de fortes raisons pour croire que rien n'est arrivé, tandis que cette fois, je puis espérer que tu recevras mon autographe, je vais donc te renarrer mes aventures tout au long.

« Et d'abord, l'originalité des sept lignes précédentes a dû te faire supposer que c'est d'un pied et non d'une main qu'elles furent tracées.

(1) Journal.

« Détrompez-vous et ne riez point des premiers efforts d'une main inexercée, non plus que du style. Outre que je parle maintenant presque exclusivement l'allemand, je vous jure que les phrases élégantes ne coulent pas de source, quand il faut cinq minutes pour tracer une ligne.

« Mais j'oublie que je ne vous ai pas encore dit le principal. Je suis blessé, mais, vous le voyez, pas trop dangereusement.

« C'était le 6 août, au combat de Woerth, j'avais eu jusqu'alors la chance de n'être pas touché, au milieu d'une véritable pluie de fer et de plomb, lorsqu'un obus, brisant un arbre près de moi, un éclat de bois m'atteignit à la main droite et me mit deux doigts hors de combat. Une heure après, je regrettais beaucoup moins la perte des susdits doigts, car une balle bavaroise me fracassait la même main, et venait se loger entre les deux os de mon poignet, d'où je la retirai délicatement. Je reçus alors l'ordre de me rendre à l'ambulance, et c'est pendant que je m'y traînais, qu'obligé de passer sous le feu des batteries prussiennes, je reçus un éclat d'obus dans la cuisse droite. Maintenant, inutile de vous dire que tout cela va très bien, il est vrai qu'il a fallu me faire l'amputation du poignet, mais l'opération a donné les meilleurs résultats. Et comment en serait-il autrement, je suis chez les meilleures gens du monde, soigné comme l'enfant de la maison, les visites, toutes plus affectueuses les unes que les autres, ne me manquent pas.

« Assez sur moi !

« Je n'ai pas besoin de vous dire que je suis inquiet, surtout depuis que j'ai appris l'occupation de Nancy. Inquiétude pour vous d'abord, puis pour toute la famille habitant Nancy, Saint-Dié et Romémont. Et puis notre pauvre Lorraine et notre pauvre France ! Sans nouvelles, sinon du progrès de l'ennemi, voyant chaque jour des blessés, nos camarades mourir misérablement, notre sort était fort triste. Maintenant, la mortalité s'est ralentie aux ambulances ; les nouvelles nous arrivent enfin, mais chut ! ne parlons pas politique, si je veux que ma lettre vous arrive. Je préfère vous communiquer la plus récente de toutes ces nouvelles (elle n'a pas une heure de date), figurez-vous, chères âmes, que l'on m'annonce que, dans quelques jours, on me donnera la liberté de retourner chez moi.

« Serais-je longtemps pour voler vers Nancy ? « *Traînant l'aile et tirant le pied* ». C'est la Fontaine qui nous fait la réponse. En attendant, mille baisers et à bientôt ! » (1)

Un commentaire, quelqu'il soit, ne pourra que déflorer l'héroïque beauté de cette lettre...

Nous n'essayerons pas de décrire les impressions de Madame Pau et de sa fille, à la lecture de cette missive ; les sentiments intimes ont leur pudeur qu'il faut respecter...

Elles se représentent le glorieux mutilé au milieu des ennemis de son pays, n'entendant parler que de nos défaites, de nos capitulations, et elles vivent dans une continuelle angoisse qu'elles confient à Dieu seul... la perspective d'un revoir prochain leur met un peu de soleil dans le cœur ; mais ce revoir, quand aura-t-il lieu...

C'est en tremblant d'inquiétude et d'espoir que, chaque jour, elles explorent les wagons, alors que les soldats prussiens en sont descendus, et, chaque jour, la même déception les attend et les brise.

Le désir que Marie-Edmée nourrit depuis qu'elle sait la blessure de son frère, s'exaspère

(1) Lettre inédite.

de plus en plus ; c'est l'obsession de ses jours et le rêve de ses nuits... Enfin, elle n'y tient plus. Malgré les obstacles, les dangers, les fatigues qu'elle ne se dissimule pas, la sœur dévouée va se mettre en route. Des amis, touchés de son admirable tendresse fraternelle, lui épargnent, dans la mesure du possible, les démarches les plus pénibles et les plus ennuyeuses.

Le 5 septembre, oubliant qu'elle est belle, jeune, sans défense, et qu'elle doit traverser un pays occupé par des ennemis, souvent cruels et toujours redoutables, elle quitte Nancy, bénie par sa mère en pleurs... Elle s'est placée sous la protection invisible, mais sûre, de son ange gardien et de Jeanne la bienheureuse. Les anges !... elle a toujours eu, à leur égard, une confiance sans borne. L'année précédente, dans une de ses Méditations, datée de la fête de Saint Raphaël, un des sept esprits qui, toujours, se tiennent devant Dieu, n'a-t-elle pas tracé les lignes suivantes, qui s'adaptent merveilleusement aux circonstances présentes?

« ... Mon Dieu, j'espère que vous commanderez à vos anges de guider mon âme, et que vous exaucerez les prières que je vous offrirai par leurs mains pures et leurs encensoirs brûlants... De toutes les forces de mon âme, je vous remercie, mon Dieu, des biens que vous m'avez déjà accordés par l'entremise des anges. Et vous, admirables créatures : force, beauté, bonté souveraine et communicative aux pauvres mortels, venez à mon secours !... » (1).

Une tribu sympathique d'amis lui fait cortège jusqu'à son wagon et lui adresse les encouragements les plus affectueux. Elle se sent vivement émue de ces témoignages si spontanés et si sincères :

« O Providence ! Providence ! ta bonté me gonflait le cœur de larmes d'admiration et d'amour. Qu'avais-je fait pour être ainsi entourée de bons et charmants visages qui se pressaient autour de mon wagon ?... » (2).

Madame H..., de Saint-Dié, elle aussi, va jusqu'à Reichshoffen, à la recherche de son mari, et la jeune fille est heureuse de rencontrer ce chaperon, sur qui elle n'avait aucune raison de compter. Au moment où le train va s'ébranler, la portière se rouvre, de nouveaux compagnons de route se présentent : un Johanniste (3) âgé et un jeune homme français

(1) Journal.

(2) Ibid.

(3) Infirmiers prussiens, sous le patronage de Saint Jean.

qui se précipitent dans le compartiment.

« Je regarde encore mes chers amis, ma bonne mère ; le train part. Mon Dieu, gardez-moi ! Jeanne d'Arc, aidez-moi ! »

Après huit longs jours de recherches à travers l'Alsace envahie, la jeune Lorraine, dont le courage n'a pas faibli, retrouve enfin son frère ; en embrassant ce frère plus aimé que jamais, elle oublie tout ce qu'elle a souffert et ne songe plus qu'à procurer vivement à sa mère le bonheur dont elle jouit...

Il est un peu question d'envoyer le lieutenant Pau en Prusse, où tant de ses compagnons l'ont précédé, mais la gravité de sa blessure, l'impossibilité matérielle où il se trouve de manier une épée, fait hésiter les autorités supérieures. Bismarck, qui est tout puissant, consent à rendre la liberté à l'officier français, à une condition, condition que celui-ci n'acceptera jamais : sa parole d'honneur de ne point reprendre les armes pendant la durée de la guerre...

Non, mille fois non, le vaillant soldat, l'héroïque Français qu'est Gérald Pau ne consentira point à un tel engagement : la main droite, il l'a donnée à la patrie, la main gauche lui appartient aussi ; elle reprendra l'épée.

Deux fois déjà, Marie-Edmée a été reçue par le chancelier de fer et n'a pu le fléchir ; une troisième fois, elle revient à la charge.

« Le seul motif qu'il ait donné pour retarder sa réponse était le manque d'attestation d'un médecin prussien, trouvant que l'état de Gérald était tel que le maire de Reichshoffen le dépeignait. J'ai trouvé l'objection fort juste. Je suis revenue au plus vite et, dès hier soir, j'ai obtenu le certificat demandé. Je l'emporte aujourd'hui. » (1).

Il était temps, car un convoi de prisonniers devait partir dans quatre ou cinq jours pour quelque fort allemand, et Gérald, dont l'état s'améliorait à vue d'œil, a été déclaré transportable, et il était désigné pour en faire partie.

« Que la Sainte-Vierge me protège, écrit Marie-Edmée, c'est son jour (8 septembre). »

Le certificat du médecin prussien est en bonne forme, et Bismarck consent enfin à libérer son prisonnier ; la blessure de celui-ci est d'une telle gravité que, d'ici longtemps, il lui sera impossible de combattre... Bismarck ne connaît pas l'âme d'un vrai patriote, et, sans doute, il ignore que le mot *impossible* n'est pas français...

(1) Lettre à sa mère citée dans le journal.

Le 12 septembre, Madame Pau écrit dans son mémento : « Mon enfant m'est revenu aujourd'hui, conduit par ses deux anges gardiens : l'un du ciel, l'autre de la terre, ma Marie-Edmée. »

Comme toutes les joies d'ici-bas, la joie de la mère et de la sœur est bien incomplète, les blessures de Gérald sont loin d'être cicatrisées et donnent certaines inquiétudes. Marie-Edmée se révèle alors infirmière incomparable, et prodigue au cher blessé des soins aussi intelligents que dévoués.

Elle ne veut pas que sa tendresse fraternelle la rende égoïste, et, fréquemment encore, on la voit auprès des malheureux que l'ambulance lui confie. Munie d'un carnet et d'un crayon qui ne la quittent jamais, elle demande aux soldats l'adresse de leurs parents, et écrit à ces derniers, afin de les rassurer...

Quand elle songe aux pauvres mères qui, jamais plus, ne reverront leurs fils moissonnés par la guerre homicide, elle est prise d'une compassion infinie et son cœur de chrétienne lui inspire une admirable industrie que va réaliser son crayon d'artiste ; elle dessine à grands traits la figure des mourants, même des morts, et envoie ces esquisses, comme souvenir suprême, aux familles des pauvres disparus.

Un jour, elle pénètre dans la salle de dissection ; un cadavre y est déposé : c'est celui d'un franc-tireur savoisien. Les Prussiens ne se sont pas contentés de le fusiller ; mais, dans leur rage folle contre les corps francs, ils l'ont affreusement mutilé... Marie-Edmée a saisi le moment où la salle est déserte ; elle s'approche et, avec l'adresse d'une sœur de charité, elle essaye de donner un aspect moins horrible à ce visage sanglant et défiguré... puis, saisissant son crayon, elle prend la ressemblance de cet infortuné ; ensuite, elle coupe une mèche des cheveux qui couvrent ce front que les balles ennemies ont troué : ces reliques sont destinées à la mère de Jean Contat. Sa funèbre besogne terminée, elle tombe à genoux et prie un instant pour ce frère inconnu...

Dieu qui, jamais, ne se laisse vaincre en délicatesse et en générosité, lui devait bien, s'il est permis de s'exprimer ainsi, garder son vrai frère et bénir la carrière de ce dernier...

Tout en se dépensant ainsi, sans mesure, elle trouve encore le temps de se recueillir devant Dieu et d'examiner à ses pieds les causes principales de nos affreux désastres.

A la date du 21 septembre, elle écrit dans sa « Méditation » ce qui suit :

« Le mal a pénétré jusqu'à la moelle de nos os, et, ce mal, c'est la *faiblesse*. Nous sommes envahis, au dedans comme au dehors, par cet ennemi qui nous a livrés à tous les autres ennemis de notre gloire. La faiblesse nous a terrassés ; relevons enfin la tête et regardons-la bien en face ; sachons au juste qui elle est, afin d'apprendre à la vaincre, avant d'être tués par elle.

« Nous courbons la tête sous un poids terrible, nous pleurons des larmes de sang, nous poussons des cris de détresse qui se font entendre jusqu'aux rivages du Nouveau Monde, car notre douleur n'est pas la douleur d'une créature éphémère. nous assistons au désastre d'un grand peuple dont nos pères ont vu la gloire. O France, mère chérie, sommes-nous destinés à te voir ensevelie comme la Pologne, ta sœur !...

« Tes enfants n'ont-ils pas le sang généreux de leurs pères ? Mais ils en ont trempé les sillons de tes champs, à Wissembourg, à Wœrth, plus abondamment qu'à Poitiers, sous Charles Martel ! Ton ennemi était-il donc bien formidable ? Ce n'était pourtant que l'Europe entière, comme il y a quatre-vingt ans, mais ils étaient forts, et chacun de nous était faible. » (1).

Quelques jours plus tard, le 8 octobre, Gérald qui, dans le nid maternel arrangé si moelleusement à son intention, a recouvré des forces et de la vie, annonce, comme une chose toute simple, son départ pour le lendemain. De même que sa sœur, il a horreur du repos et de l'inaction ; il veut rejoindre, à Besançon, les débris du 78me, qui tente de se reconstituer.

En l'entendant, sa mère et sa sœur se récrient : Mais, Gérald, à quoi penses-tu ?... Mais ton bras n'est pas cicatrisé... Mais ta jambe te fait encore souffrir... Mais tu marches avec difficulté, etc., etc...

Impassible en apparence, le jeune homme ne répond que par un mot, mot sublime, trop oublié de nos jours et qui, dans cette famille, n'a jamais vibré en vain : *C'est le devoir !...*

Marie-Edmée, vaincue, n'essaye plus de combattre une résolution qu'elle devine inébranlable ; peut-être lui sera-t-il possible d'obtenir autre chose : la permission d'accompagner son frère, en qualité d'ordonnance ou comme simple volontaire... Elle expose sa requête, et ter-

(1) Méditations inédites.

mine par cet argument qui lui paraît sans réplique : « Songe que, si tu pars seul, mère n'aura plus un seul instant de repos. »

Sa proposition est repoussée : « Toi, Marie, ta place est auprès de ta mère. »

Et la sœur, affligée, écrit dans son journal : « ...Je reste, hélas !... »

Combien elle souffre de ne pouvoir courir là où est le danger, surtout quand on parle, en sa présence, des faits et gestes de Mademoiselle Lix, l'héroïne des Vosges. « Je suis jalouse de ceux qui meurent pour mon pays, jalouse quelquefois jusqu'à la folie. »

Le 16 novembre, jour de sa naissance, anniversaire qu'elle ne devait plus fêter qu'au ciel, nous lisons dans son journal :

« J'ai vingt-cinq ans aujourd'hui. A quoi sert la vie ?... J'ai toujours cru qu'elle servait à mourir et à bien mourir... La mort qui est pour les êtres vivaces et impatients, un résultat, n'est rien autre pour moi qu'un but. De ce terme seulement, je pourrai me rendre compte des mystères qui m'étouffent, et reprendre haleine, enfin !... Quelle est l'utilité de l'attrait de la mort ? Ne serait-ce pas une sorte de vocation religieuse pour montrer, au milieu du monde, des âmes détachées de ce qu'on appelle les biens de la vie, afin de prouver... » (1).

Par une permission divine, la phrase est restée inachevée, la mort de la jeune Lorraine en a donné la sublime conclusion...

---

(1) Journal.

VI

LA DERNIÈRE ÉTAPE

Quand les âmes sont comme des fruits mûrs, Dieu les cueille.

(H. Didon).

Après le départ du cher mutilé, Madame Pau reçoit quelques lettres ; elles lui apprennent que l'officier a pu rejoindre ses camarades, à Besançon, et que tous l'ont accueilli avec la plus cordiale sympathie. Le moral est excellent, et chaque missive se termine par ces mots dignes d'un chrétien et d'un vrai français : *Espoir et courage*... puis le silence se fait...

Pendant nombre de semaines, les communications de la frontière avec Nancy sont irrégulières, impossibles même ; les nouvelles annoncées par les rares journaux que l'on réussit à se procurer, sont navrantes ; les éléments, eux aussi, semblent ligués contre nous ; le froid est rigoureux, la neige tombe en flocons serrés et embrume tout l'horizon. Une tristesse profonde, insurmontable, tempérée par une complète résignation à la volonté divine, règne au foyer où pleurent et prient la mère et la sœur...

Mais, nous l'avons vu, l'inaction, l'incertitude pèsent sur Marie-Edmée d'un poids plus lourd qu'une douleur, si violente soit-elle. « Mon âme, écrivait-elle à 17 ans, s'énerve dans le repos ; j'aime mieux souffrir et lutter. »

Dans une lettre à son frère, écrite environ cinq semaines après le second départ de celui-ci, nous lisons ce qui suit ;

« Mon cœur est plein de larmes, de désirs et d'inquiétudes... Bienheureux les actifs à cette heure de sommeil... »

Le jour de Noël, elle lui envoie les lignes suivantes :

« Notre ville est toujours plus charitable ; on fait des stations interminables, jour et nuit, sur le quai, pour jeter des vêtements et du pain aux prisonniers... »

Ah ! que cette fête de Noël, si douce, si chère à tout cœur chrétien, ressemble peu aux joyeuses solennités d'autrefois !... Et, cependant, à travers la brume sanglante qui enveloppe cette terrible année, rayonne toujours, comme un signe d'espoir, l'étoile de Bethléem, et celui qui veut prêter une oreille attentive, entend, malgré le fracas des mitrailleuses et des bombes, une voix d'en-haut qui clame : « *Paix aux hommes de bonne volonté.* »

Il circule, sur l'armée de l'Est, tant de bruits alarmants et contradictoires, qui ne se peuvent contrôler, que l'angoisse des deux pauvres femmes est à son comble... Marie-Edmée n'y tient plus, elle va repartir : tout, plutôt que ce silence retombant sur son cœur comme les lourdes pelletées de terre qui recouvrent un cercueil... Si cette agonie se prolonge, elle va devenir folle...

Le 9 février, à quatre heures du soir, la jeune fille reprend la route qu'elle a déjà parcourue en partie, quatre mois auparavant. « En haut notre cœur, mère chérie ! Je te suis à Bonsecours, et j'y prie avec toi. »

Elle emporte un énorme ballot de ceintures de flanelle de couvertures, de vêtements confectionnés par la Compagnie *Jeanne d'Arc* ; chemin faisant, elle les distribuera, soit dans les hôpitaux, soit dans les ambulances qui regorgent de blessés et de malades.

10

Comme principaux compagnons de voyage, elle a, dans son compartiment, un évêque *in partibus*, actuellement aumônier militaire, et une dame inconnue, très bienveillante à son égard.

Elle arrive à Strasbourg, vers onze heures du soir ; la chambre qu'elle partage avec sa compagne de wagon est confortable, trop confortable même pour la charité compatissante de notre héroïne. « Je souffre horriblement de ne pouvoir y installer à ma place ceux qui auraient besoin, plus que moi, d'un lit et de la sécurité que Dieu m'accorde. »

Ce n'est pas la première fois qu'elle éprouve un sentiment analogue, et, dans le journal, nous le retrouvons formulé à différentes reprises. « Il fait un froid terrible... ceux qui souffrent m'occupent à un point que je ne puis exprimer. Je me fais une telle idée du froid, de la faim du pauvre, que je souffre d'être exempte de sa misère. »

La cathédrale de Strasbourg a sa première visite, et, à l'exemple de tous ceux qui ont contemplé cette merveille architecturale, elle est dans le ravissement et l'extase. « Je voudrais être quelque chose de subtil et d'immortel. Je voudrais être presque matière, vitrail ou colonne, pour y demeurer jour et nuit. » (1).

O Strasbourg, Strasbourg, cité héroïque, toi qui a donné tant de tes fils à la France, nous seras-tu rendue un jour !...

Le 10 février, anniversaire de son baptême, « jour où je suis entrée dans la patrie des âmes », Marie-Edmée pénètre sur le territoire allemand, et elle écrit en gémissant :

« Il y a vingt-cinq ans, j'entrais dans l'église du Christ ; pour la première fois, je respire l'air d'un autre pays, et ce pays c'est l'Allemagne !... Quoi qu'on dise, le patriotisme n'est pas plus un mot que la famille. »

Voilà les montagnes qui se profilent à l'horizon ; l'artiste reparaît, et la description suivante, quoique teintée d'une profonde mélancolie, bien justifiée par les circonstances, est ravissante.

« Elles (les montagnes) semblent sortir curieusement des vallées pour souhaiter la bienvenue à l'artiste qui désirait tant les voir autrefois. Les plus petites ont l'air de pauvres orphelines qui marchent par rang de taille et se pressent l'une sur l'autre, au sortir d'un enterrement ; les grandes, dénudées, et, par ci, par là, couvertes de neige, ressemblent à de vieil-

(1) Journal.

les femmes assises sur le pas de leur porte et filant une toile qui les ensevelira... » (1).

Elle aspire à se trouver en Suisse, ce pays qu'elle a vivement souhaité connaître... hélas! dans quelles douloureuses conditions va s'effectuer ce voyage qui, pour tant de jeunes couples, est l'épanouissement du bonheur terrestre!... C'est l'hiver avec son triste cortège de neige et de frimas, et le cœur de la jeune exilée est en proie à mille inquiétudes, non seulement pour son frère Gérald, mais aussi pour la France, à laquelle on eût pu appliquer alors cette parole de l'Ecriture : « *La maîtresse des nations est comme une veuve désolée.* »

Malgré nos malheurs, dont elle sent toute l'intensité, elle garde sa foi dans l'avenir, à l'exemple du patriarche Abraham, elle espère contre toute espérance, ainsi que le prouvent les paroles suivantes :

« Notre génie national se révèle plus clairement à moi depuis que j'ai passé la frontière. C'est en lui que je crois, et c'est pourquoi j'espère invinciblement en Dieu. Je veille sur cet espoir avec la jalousie anxieuse d'une vestale sur son divin brasier... »

(1) Journal.

Le soir de ce même jour, notre voyageuse arrive à Bâle. « Le directeur de l'hôtel m'a proposé de me conduire, demain, au Consulat de France, afin d'obtenir des renseignements sur la direction que peut avoir prise le régiment que je cherche... Cette démarche faite, je partirai... »

Le lendemain matin, avant huit heures, elle reprend la plume pour continuer la lettre à sa mère :

« A cinq heures et demie, je me suis éveillée d'un beau rêve où je voyais Gérald descendre l'escalier de l'hôtel ; il se félicitait de s'être habillé seul et rapidement, et son bonjour m'a rempli le cœur d'espérance. J'avais donc passé une très bonne nuit, et j'ai pu me lever en même temps que ma *dame* qui n'a jamais dû être en retard de sa vie. J'ai assisté à son déjeuner, et ensuite nous nous sommes promenés une demi-heure à l'intérieur de la gare. Je lui ai souhaité bon voyage et promis de lui écrire le résultat du mien, si Dieu le permet... J'ai vagabondé sous la neige à travers le petit Bâle ; j'attendais que le Consulat fût ouvert. Là, il m'a été confirmé que le 78e n'était pas ici, et que je ne pourrais obtenir quelques renseignements qu'à Berne. (1) »

(1) Fragments inédits.

Dans ses pérégrinations au milieu de la ville protestante, Marie-Edmée sent, plus qu'ailleurs, le besoin irrésistible de se prosterner devant un tabernacle, si modeste soit-il. « J'ai prié dans la seule église catholique, elle est triste comme une étrangère, comme moi peut-être. »

La manière dont les wagons suisses sont aménagés lui plaît : « Est-ce illusion de la nouveauté ? Mais je trouve cela commode. » Le paysage de Bâle à Berne ne présente à ses yeux rien de bien saillant.

« Des châlets, des sapins, des montagnes saupoudrées de neige ! Je ne vois rien de plus grand que les Vosges, mais les châlets sont plus nombreux et plus hardis que chez nous : ils sont perchés en tous sens et partout. (1) »

Avant d'arriver à destination, notre voyageuse est obligée de changer de train :

« Dans cette autre voiture, j'eus pour voisin un grand officier Suisse, au lieu du petit Français qui se mit à l'autre bout. Celui-là, le Suisse, par ses charmes extérieurs, n'avait rien de plus compromettant que l'autre ; d'ailleurs, son air était aussi peu militaire et presque aussi ennuyé, mais quelle honnêteté ! Il me demande en bon français la permission

(1) Fragments inédits.

de s'appuyer sur ma valise. Je dis que oui et je rentre dans mon silence. Tout à coup, j'entends le petit français raconter qu'il a quitté Besançon avant la bataille de Villersexel. Je me lève et vais droit à lui qui ouvre de grands yeux stupéfaits. J'expose ma requête aussi bien que possible et je vis, au nom de Gérald, que le petit bonhomme savait très bien de qui je voulais parler. Soit jalousie pour Gérald, soit rancune de mon attitude première, il feignit une ignorance complète et je n'en tirai rien, sinon la prédiction que je n'arriverais pas à savoir grand'chose sur le sort de mon frère, attendu que les officiers français changeaient de ville à chaque instant. Quant aux morts et aux blessés, on ignorait leurs noms.

« Je retournai à ma place, et l'officier Suisse, avec un bon sourire, me demanda si j'avais obtenu les renseignements que je désirais. Peu à peu, je lui contai mon affaire et lui me parla de sa campagne d'officier d'ordonnance du général Herzog. Il avait assisté à la retraite et me la raconta, les larmes aux yeux. Il m'expliqua ensuite tout le système fédératif et l'organisation militaire de la Suisse, en me vantant leur sécurité, leur force et leur bonheur national. En d'autres temps, je lui aurais servi d'écho ; aujourd'hui, le triomphe des idées *que j'adore* me déchire le cœur en me prouvant que, si mon pays est châtié, c'est pour les avoir méconnues. Par exemple, je lui ai laissé dire, sur les causes premières de notre malheur, tout ce qu'il a voulu. Je l'ai amené à reconnaître notre héroïque résistance, à l'admirer et à nous prédire une prompte résurrection... (1) »

A Berne, elle réussit à obtenir des nouvelles de son frère bien-aimé ; vers la mi-janvier, il a dû prendre part au combat de Villersexel ; depuis cette affaire, les troupes ont passé la frontière et se trouvent en Suisse, mais à quel endroit ?.. on l'ignore... Sous deux jours, on pourra sans doute lui indiquer le lieu exact de leur campement... Bien que, de plusieurs côtés, on lui conseille d'attendre à Berne des renseignements complémentaires, elle a peine à s'y résoudre, tant elle se sent pressée intérieurement d'atteindre Neufchâtel et le Locle.

« L'idée d'un danger pressant me persécute, et nul ne peut admettre ni comprendre un tel instinct. »

Le lendemain de son arrivée à Berne est un dimanche, et, à ce sujet, elle écrit : « Le jour

(1) Lettre inédite à sa mère.

du repos est respecté d'une manière presque absolue, ici. Dès le matin, je m'en aperçois aux magasins fermés et aux rares passants : M. Molitor lui-même est obligé de me parler du dimanche, d'où il résulte que toute démarche est impossible aujourd'hui... » (1)

De même qu'à Bâle, Marie-Edmée se met à la recherche d'une église catholique ; c'est la demeure de l'Ami divin, un centre pour les adorateurs fidèles, quelle que soit leur nationalité ; là on ne se sent plus exilé.

L'entrée de l'édifice sacré lui est d'abord interdite, il est rempli de soldats français, qui y prennent un instant de repos... Un peu plus tard, elle voit défiler nos pauvres troupes qui abandonnent leur gîte momentané. Ce douloureux spectacle lui arrache des larmes.

« Ce n'était plus l'armée française, mais le peuple français qui passait devant moi ; tous les âges, depuis quinze ans jusqu'à cinquante ans, tous les types, presque tous des mobiles, quelques zouaves et de rares fantassins. Et malgré tant de souffrances, il y avait encore plus de vie et de vaillance dans leur regard et dans leur démarche que je n'en voyais dans les bons soldats suisses qui les conduisaient... »

(1) Fragments inédits.

On le voit, sa fierté nationale ne l'abandonne jamais.

Afin d'avoir une certitude quelconque au sujet de son cher blessé, elle a télégraphié, avec réponse payée, au Locle ; elle reçoit la dépèche suivante :

« Sans nouvelles. Je crois capitaine à Besançon ». Signé : Jurgensen.

Ce télégramme laconique qui laisse le champ libre à toutes les suppositions, achève de bouleverser la jeune fille ; non, elle n'attendra pas les renseignements chiffrés de la chancellerie, non, elle, ne suivra pas les conseils prudents du secrétaire d'ambassade et du maître d'hôtel.

« Il s'agit bien de courses inutiles ! s'écrie-t-elle dans son indignation, je veux savoir ce que mon frère est devenu. »

Elle part, et, grâce à son brassard, elle peut, sur la route et principalement à Neufchâtel, visiter les ambulances, les hôpitaux et s'enquérir du cher disparu... Au cours de ses recherches, elle apprend que des cadavres dont on n'a pu encore fixer l'identité, sont exposés dans le cimetière ; elle n'hésite pas à s'y rendre et à braver l'horreur instinctive que lui cause un tel spectacle. Les morts lui sont inconnus, c'est avec un soupir de soulagement qu'elle le constate. Elle consulte ensuite la liste des défunts inhumés récemment, rien encore, puis elle fait une prière fervente pour tous ces délaissés dont plusieurs, sans doute, n'ont plus de parents ici-bas, et elle va plus loin continuer ses investigations...

Elle a le bonheur de rencontrer un sergent qui lui affirme avoir vu le capitaine Pau, le 1er février (on était au 13), lui aussi le croit présentement à Besançon ou à Lyon... M. et Mme Leroy, auxquels on l'a recommandée, lui proposent de la façon la plus affectueuse, d'aller à leur campagne attendre les renseignements complémentaires qui sont demandés ; elle peut partir ce jour même, avec des personnes de Nancy. Elle accepte volontiers cet arrangement, et, avant de quitter Neufchâtel, elle retourne à l'ambulance, porter des cigares au sergent qui a rencontré son frère, et entendre une fois de plus les détails de ce fait providentiel.

« Apprends que ce soir, écrit-elle à sa mère, je couche dans un vrai chalet suisse, où je viens d'arriver en traîneau. Je trouve une chambre chaude et une table hospitalière ; impossible de rencontrer une plus douce hospitalité que celle-là. Je te serre sur mon cœur, je t'embrasse et je souhaite que Dieu te fasse rêver la réalité qui m'accueille... Si Dieu m'accable de bontés, s'Il me veille comme une mère, moi qui ne suis capable de rien de bon en ce monde, que ne fera-t-il pas pour lui (pour son frère). » (1)

Là, au Locle, elle voit pour la première fois, M. Jurgensen, qui se montra si parfait ami à son égard. M. Jurgensen, originaire du Danemarck, avait épousé une jeune fille suisse, digne de lui sous tous les rapports, et s'était fixé au Locle, où il s'occupait d'horlogerie. Pendant la guerre de 1870-71, il témoigna un dévouement incomparable à nos malheureux compatriotes.

Laissons-le nous raconter lui-même l'arrivée de notre héroïne.

« Un soir que, revenant de France au Locle, en compagnie d'un commandant d'artillerie et d'un sous-lieutenant de zouaves, j'avais réussi à franchir sans arrêt les postes fédéraux de la frontière, et faciliter ainsi à deux amis, le voyage sur Genève et Lyon, sans stage d'internement, je trouvai au logis une jeune fille en costume de voyage foncé, canne à la main,

(1) Journal.

ceinture de cuir, à la figure intelligente, noble, mais pâle et les traits fatigués. Elle me présenta deux lettres de recommandation. Cette voyageuse inconnue était Mlle Pau... Ballottée de renseignements en renseignements, stupéfaite au spectacle de ces uniformes en lambeaux, écrasée par le poids de ce désastre affreux et de cette infortune sans exemple, elle nous arrive semblable à l'hirondelle blessée au milieu de l'incendie. Dieu nous l'envoie et nous la consolons. »

Pendant qu'elle est au milieu de ses nouveaux amis, si parfaits et si bons, jouissant d'une tranquillité relative, Marie-Edmée écrit une longue lettre à sa mère ; nous en détachons les passages suivants qui nous peignent le genre de vie de ses hôtes :

« ... Intelligence, dévouement, bonheur, activité, tout est réuni dans cette charmante famille. Hier soir, après le dîner, pendant que Mme Jurgensen me montrait des trésors artistiques de gravures allemandes et de photographies italiennes, Monsieur Jurgensen s'est mis au piano dans le salon voisin. Je ne sais s'il a composé ou s'il a joué de mémoire, il faisait nuit ; mais en tout cas, il a choisi avec un tact exceptionnel ce qu'il a joué. J'ai trouvé dans son talent de musicien, le pathétique suave et noble de sa poésie, car il est poète. J'espère emporter la pièce de vers qu'il a faite et qui a été lue au Théâtre, en faveur de nos soldats. Je voudrais en illustrer un épisode, et je vais prier le Saint-Esprit de rafraichir un peu mon intelligence pour la rendre capable de ce travail. Monsieur Jurgensen me prie de t'assurer de sa sympathie, il désire nous avoir ensemble après nos malheurs. Il semble vraiment être un de nos meilleurs et plus vieux amis. T'ai-je dit combien le souvenir de mes élèves, et tes tendres et bonnes paroles m'ont réconfortée ? Pardon si je ne l'ai fait, mais tu sais bien que je pense à toi sans cesse et que j'espère te revoir. Bon courage, bon espoir, mille baisers. (1) »

Le lendemain, nouvelle missive à Mme Pau :

« J'ai lu un article, dans le *Journal de Genève : "Retraite de l'Armée française dans l'Est."* Il s'agit d'un épisode héroïque qui nous apprend qu'une petite troupe, composée de onze officiers et de soldats de différents corps d'armée, après avoir protégé la retraite, a pu se jeter dans les montagnes du Jura, sous les ordres du général Pallu de la Barrière. Le

(1) Lettre inédite à sa mère.

composé de cette troupe me porte à croire qu'elle a dû être formée d'hommes de bonne volonté, pris eux-mêmes dans cette réserve d'élite dont le régiment de Gérald ne faisait pas partie, mais qui se trouvait précisément, le 1er février, entre Pontarlier et les Verrières, où le soldat de Neufchâtel m'a dit avoir vu Gérald, entre dix et onze heures du matin.

« Je ne puis douter de cet unique renseignement, que Dieu m'a fait rencontrer sur ma route, et je crois devoir le saisir comme le fil d'Ariane. Toute mon attention se porte sur cette bifurcation de l'armée. Je crois devoir tenter des recherches sur ce chemin de croix de nos derniers héros... (1) »

Son dévoué protecteur s'oppose tout d'abord à ce projet qu'il regarde comme follement téméraire, mais, bientôt, il se rend compte que la résolution de la jeune fille est inébranlable, et il ne s'occupe plus que de lui aplanir, dans la mesure du possible, les difficultés qu'elle va rencontrer. Il prépare une lettre de recommandation pour un de ses amis résidant à Pontarlier ; il sait qu'il peut compter entièrement sur ce dernier.

Le courage de Marie-Edmée n'a subi aucune

(1) Journal.

défaillance, et la lettre qu'avant son départ elle adresse à sa mère se termine ainsi :

« Aucun pressentiment ne me tourmente, au sujet de cette tentative. Quelque chose m'attire, au contraire, comme un aimant irrésistible, sur ce point où a coulé le sang de nos martyrs... Je vais donc partir à une heure et demie. J'ai confiance en Dieu, mère chérie, une confiance que rien ne saurait ébranler. Je veux espérer jusqu'au bout. Je veux avoir fait tout ce que j'ai cru raisonnable et possible. Rester dans ce nid chaud et doux m'énervait, et me tourmente déjà comme un remords... Je te prie de ne pas t'inquiéter, d'espérer toujours, et de demander à notre Père le courage des grands et tristes jours où l'on ne doit compter que sur Lui... (1) »

Elle vient d'apprendre que la poste et le télégraphe recommencent à fonctionner tant bien que mal, alors elle se hâte d'envoyer lettre et dépêche au général commandant la place de de Besançon, et elle prie que la réponse lui soit adressée au Locle...

Tout est réglé, elle n'a plus qu'à prendre congé de ses hôtes ; ceux-ci, très émus, lui font encore quelques recommandations ami-

(1) Lettre citée dans le Journal.

cales et lui souhaitent un prompt retour, car il est bien convenu qu'en cas de réussite ou d'échec, elle reviendra près d'eux. Elle doit faire la route en traîneau, mode de locomotion plus sûr et plus rapide que tout autre, en cette mauvaise saison.

Nul doute qu'elle n'ait adressé alors à sa Sainte compatriote, la belle prière qu'elle avait composée trois ans auparavant et qui s'appliquait si bien à sa situation présente :

« O Sainte Voyageuse, guidée par l'ange de la France, et protégée par les Saints de notre chère patrie, viens à mon aide dans les périls, exauce les désirs qui me poussent hors de ma retraite. Demande, au nom de Notre Seigneur, tout ce qui s'accorde avec mon désir et la sainte volonté de Dieu. (1) »

Après avoir atteint le village de Travers, où elle ne fait guère que toucher barre, notre voyageuse reprend le chemin de fer pour gagner les Verrières Suisses. Cette petite localité est encombrée par les troupes fédérales qui, non seulement, occupent les auberges, mais aussi les maisons particulières ; une rumeur confuse emplit les rues, ressemblant à une longue plainte ; pour comble de malheur, la

(1) Prière inédite.

gare est fermée et personne n'y peut entrer... Aucun gîte, nul abri, et la nuit, une nuit d'hiver sans étoiles, s'étend sur la campagne...

Marie-Edmée garde néanmoins dans son cœur, un invincible espoir en Dieu. « Je ne doutai point de la Providence et j'abandonnai mon sort *à mes amis* » (les Anges et les Saints).

Malgré cette situation un peu critique, elle ne perd point de vue l'objet de son voyage et se rend à l'ambulance où elle compulse les registres ; ils ne renferment rien qui puisse l'intéresser. Au retour, elle fait la rencontre d'un international qui, touché de son embarras, la guide vers une maison amie où elle passe une nuit paisible...

Le lendemain matin, le temps s'annonce assez beau, un pâle soleil, soleil de février, éclaire les montagnes voisines et semble encourager la jeune Lorraine ; elle décide de se rendre à pied vers Pontarlier, dont la séparent seulement douze kilomètres environ. De la sorte, elle pourra visiter les villages qui sont sur la route. Cette route est défoncée par les lourds canons et les chariots de guerre, elle est parsemée d'armes tordues, de fusils brisés, de débris sans nom... Ce spectacle n'arrête pas notre héroïne, elle est décidée à tout voir et à tout supporter. Elle explore les fossés où gisent, au milieu d'une boue sanglante, des cadavres mutilés... Sur le chemin passent des voitures surmontées de la croix de Genève, où râlent des mourants et des blessés ; elle les fait arrêter, afin de rechercher si son cher Gérald n'est point parmi eux. Et, avant de s'éloigner, elle laisse à ces infortunés, avec un mot d'espoir, quelques petites douceurs...

Ah ! quel rude calvaire qu'un tel voyage !... Pour en bien sentir l'agonie, il faudrait en avoir vécu les heures douloureuses... et comme Marie-Edmée comprend mieux que jamais les horreurs et les ruines que la guerre entraîne à sa suite !...

Pendant ce temps, M. Jurgensen agissait aussi de son côté et multipliait démarches, lettres et télégrammes ; il réussit à savoir que le capitaine Pau se dirigeait vers la Savoie, et de là espérait gagner Lyon.

A Pontarlier, la sœur dévouée obtient enfin des nouvelles certaines, par un prêtre qui est à la recherche d'un autre officier ; ce prêtre a vu Gérald à Mouthe, sur la frontière, quelques lieues seulement séparent le frère et la sœur. Celle-ci se disposait à partir pour Mouthe, quand elle reçoit une dépêche de M. Jurgensen, la rappelant au Locle... Elle espère un peu y retrouver son Gérald bien-aimé, mais qu'importe! l'essentiel est de le savoir en sûreté, la joie de l'embrasser viendra plus tard ; sa mère elle-même n'est-elle pas privée de cette consolation?...

Elle va donc quitter Pontarlier; M. Girod, qui l'hospitalise, ne veut, sous aucun prétexte, entendre parler d'une nouvelle course pédestre, et, pendant qu'on discute, une occasion se présente sous la forme d'une voiture vide qui retourne aux Verrières. La jeune fille accepte ce secours de la Providence et en fait profiter deux pauvres soldats blessés... Mais que serait pour cette âme délicate et généreuse, même la certitude que son cher Gérald est sain et sauf, si elle devait garder cette joie pour elle seule?... Elle a besoin de communiquer son bonheur et elle se hâte d'écrire à sa bonne mère ; elle termine ainsi sa lettre :

« Je suis si heureuse qu'il me semble avoir changé une âme de vieillard contre une âme d'enfant... » Elle rapporte sa joie à Jeanne d'Arc, qu'elle a tant invoquée, et s'écrie : « O mon étoile, ma chère étoile de Domrémy! » Puis elle continue :

« Mille bons souvenirs à ceux qui s'intéressent à nous; leurs vœux m'ont porté bonheur. Je crois que l'espoir et le courage sont des vertus de solidarité ; on les reçoit plus qu'on ne les produit, et nos frères de ce pauvre monde y contribuent pour leur part, après Dieu, les Anges et les Saints. Voilà mon dogme.

« Aussi ma reconnaissance n'oublie personne et me dilate le cœur. Je suis bien heureuse et me hâte de te passer tout mon bonheur. » (1)

A son arrivée au Locle, M. et Mme Jurgensen l'accueillent comme une amie, ou plutôt comme une sœur, mais ils sont un peu inquiets de sa faiblesse et de sa pâleur.

« Nous voulions la garder, rapporte M. Jurgensen, et ne pas la laisser repartir pour Nancy. Deux jours seulement nous la retînmes à notre foyer, parce qu'elle se sentait chancelante et comme frappée par un invisible ennemi. Attendez ici votre frère, disions-nous ; ensemble, vous deux et nous, soutenus les uns par les autres, nous traverserons ces heures néfastes.

« Ma mère pleure, répondit-elle, je dois la consoler. »

(1) Fragments inédits.

Notre héroïne se prépare donc à quitter la Suisse et les excellents amis que Dieu a mis sur sa route ; avant de s'éloigner, elle expédie une longue lettre à Mme Pau ; cette dernière la reçut cinq jours plus tard, le soir de l'arrivée de sa fille à Nancy. Nous en détachons le paragraphe suivant :

« ...J'ai diné, hier, chez le père de Mme Jurgensen, dîner de famille où chacun m'a témoigné la sympathie calme et fraternelle qu'il me plaît tant de reconnaître comme un fruit du terroir. Le soir, je devais encore souper chez une tante de Mme Jurgensen, en compagnie de la famille Le Roy, mais un mauvais rhume, qui me tient à la gorge depuis quelques jours, me pinçait le nez et m'enflammait la tête à tel point que j'ai prié mes hôtes de m'excuser. La chère petite Mme Jurgensen n'a jamais voulu me quitter, en sorte que j'ai été fort ennuyée par ce maudit rhume... » (1)

Le lendemain, malgré un peu de fièvre, elle écrit longuement à son frère. Nous regrettons de n'avoir point le droit de reproduire cette intéressante missive ; nous en donnons les courts extraits ci-après :

(1) Fragments inédits.

« Un dernier renseignement vient de me parvenir sur la route que tu as prise ; je sais que tu es avec les homme valides de ta compagnie ; je comprends que le devoir t'a saisi de nouveau et je m'arrête, et... Je retourne en France, emportant le regret de ne pas t'avoir revu, mais apportant à mère la certitude que tu as échappé au désastre de notre héroïque armée. Je serais allée en Amérique pour obtenir cette nouvelle ; ainsi, cher Gérald, ne m'accuse pas de témérité, lorsque tu apprendras mon voyage. Je crains cette accusation comme je crains tout blâme de ta part ; voilà ce qui me décide à te conter simplement, et tout au long, mon escapade suisse, avec ses pourquoi, ses comment et ses parce que .. (1) »

Elle fait le récit complet de son odyssée et termine comme il suit :

« Je joins à cette lettre un billet de mère. Je l'ai transporté partout avec moi ; qu'il te prouve combien nous vivons de ta vie. A Dieu encore, c'est un sûr Au revoir !.. »

Ces derniers mots, si chrétiens, étaient le legs suprême de son affection fraternelle...

Quatre jours plus tard, le 25 février, Marie-Edmée rentrait à Nancy, et elle y rentrait pour

(1) Lettre citée dans le journal.

mourir... Ses alarmes au sujet de son frère, jointes aux douleurs qu'elle éprouvait comme Française, avaient épuisé ses forces ; l'air empesté des hôpitaux et des ambulances, les fatigues et les privations endurées pendant ses pénibles voyages, achevèrent ce travail de décomposition...

La veille de sa mort, le Bon Dieu envoyait, à la sœur dévouée, une douce consolation, dernier rayon de joie terrestre auquel allaient bientôt succéder les félicités éternelles : une lettre de son cher Gérald lui apprenant qu'il était en sûreté... Elle était trop faible pour en prendre connaissance elle-même, sa mère lui en fit la lecture ; on devine avec quelle poignante émotion !

« J'arrive à l'instant à Annecy, après un voyage de quinze jours. J'étais chargé de conduire un détachement de Besançon à Lyon. J'ai traversé des lignes prussiennes, voyage pas commode, par monts et par vaux, à travers les montagnes du Jura. Grâce à Dieu, nous sommes parvenus à destination, après mille aventures fort peu drôles. Somme toute, je vais bien... Adieu et courage. (1) »

La mort que notre héroïne avait, pour ainsi

(1) Lettre inédite.

savourée tant de fois à l'avance, ne la surprit point et elle s'y prépara avec sérénité ! Dieu n'exauçait-il pas ses vœux les plus chers ? mourir jeune et pour une grande cause... N'avait-elle pas écrit : « Bienheureux ceux qui meurent au printemps de la vie ! »

Et ailleurs : « Quelles sont heureuses les âmes qui ont sacrifié la vie mortelle pour leur Dieu ou pour leur patrie ! Y a-t-il un plus bel enchâssement pour un nom que le martyre ?... »

Et encore cette autre pensée qui semble n'être que le développement de la précédente : « Oui, la vie est terne, plate et mortellement ennuyeuse, et il faut voir au-delà pour songer à l'illuminer par une œuvre quelconque. »

Le souvenir de sa chère Sainte Jeanne d'Arc, qu'elle associait à tous ses rêves, à tous ses désirs, lui faisait tracer, à dix-huit ans, les lignes suivantes : « Je voudrais mourir comme elle, non pas dans son martyre et sa gloire, je n'en suis pas digne, mais dans sa jeunesse, son enthousiasme et son espérance. »

Dieu a écouté ces vœux d'une oreille favorable ; l'heure de la délivrance va bientôt sonner... Elle le sent, et de ses lèvres expirantes s'échappe ce chant du cygne :

Prends courage, ô mon âme! et marche jusqu'au soir,
Pour atteindre le but, il s'agit de vouloir.
Le désir, le désir survivant à la tombe
Continue à monter quand notre corps y tombe.
Va donc, comme Psyché, vers l'éternel amant ;
Cours au devant de Dieu jusqu'à l'épuisement.

— « Ne me retiens pas, disait-elle à sa mère, défaillant sous les larmes qui l'étouffaient, laisse-moi partir !... Je suis prête, et, plus tard, qui sait ?.. »

Le 7 mars, les symptômes les plus alarmants se manifestèrent, l'agonie approchait ; le pâle visage de la malade, inondé de sueur mêlée de sang, faisait songer à l'auguste face du Sauveur, au Jardin des Oliviers... Bientôt le sang ne coula plus et la mourante tomba dans une sorte d'évanouissement, précurseur du repos suprême...

Madame Pau, brisée par les émotions et la fatigue, se retira un instant dans la pièce voisine, laissant la religieuse veiller seule... Peu après, l'agonisante entr'ouvrit ses paupières alourdies et, n'apercevant plus sa mère, elle réunit, dans un effort désespéré, ce qui lui restait de vie, et s'élança hors de sa couche. « Mère ! », s'écria-t-elle, éperdue, et elle vint tomber, inanimée, dans les bras de sa mère qui accourait...

Dieu venait encore d'exaucer un de ces souhaits... un an auparavant, jour pour jour, la jeune fille, en faisant sa méditation écrite, la terminait par cette phrase qui, à son trépas, présentait une signification prophétique :

« Faites, ô Christ, la part du bien que j'accomplis, et ne rendez que moi responsable du mal que je commets. Ce mal, je l'amoindrirai, et quand je serai parvenue au but que je dois atteindre, l'heure de la récompense me trouvera *debout.* »

Toute la ville de Nancy voulut s'associer au deuil d'une famille justement estimée, et accompagner la jeune morte jusqu'à sa dernière demeure : des officiers, des soldats que leurs blessures condamnaient à l'inaction, étaient là aussi, des enfants qu'elle avait secourus et instruits, tous pleuraient en s'entretenant de ses vertus.

Les Prussiens, étonnés de cette manifestation si grandiose dans sa touchante simplicité, demandèrent quelle princesse on escortait de la sorte... Une enfant, inspirée sans doute par son bon ange, répondit : « Ce n'est pas une princesse, c'est une petite sœur de Jeanne d'Arc. »

Une fois encore se réalisait cette parole des Saints Livres : « De la bouche des enfants est sortie la louange la plus parfaite. »

Mme Pau dont l'admirable courage ne faiblit pas un instant, voulut suivre jusqu'au cimetière, le cercueil drapé de blanc, tout recouvert de fleurs, qui renfermait plus que sa vie... En franchissant le seuil de son ermitage, un cri rauque que n'oublieront jamais ceux qui l'ont entendu, s'échappa de sa gorge desséchée, ou plutôt de son cœur déchiré ; c'était la plainte intraduisible, ineffable de la mère à laquelle on vient de ravir le fruit de ses entrailles, le gémissement de Rachel pleurant ses enfants, et ne voulant pas être consolée, « parce qu'ils ne sont plus »...

....

ÉPILOGUE

Huit ans après cette date funèbre, en 1879, Mme Ernst qui parcourait la France en donnant des séances de déclamation très goûtées, se trouvait à Sedan. Une foule nombreuse parmi laquelle on comptait bon nombre d'officiers français, applaudissait la diseuse incomparable. Les souvenirs de *l'année terrible* étaient encore présents à tous les esprits, surtout dans cette ville frontière.

Les bravos redoublèrent, quand Mme Ernst commença la lecture d'un fragment de ses *Rimes françaises*, ouvrage qui avait eu l'insigne honneur d'être condamné comme outrageant pour l'empereur d'Allemagne, et qui avait valu quatre mois de forteresse à son courageux éditeur. C'était un touchant épisode relatif aux ambulances suisses.

Voici ce passage :

. . . .

Plus loin, c'était la sœur voulant trouver son frère,
De Nancy jusqu'en Suisse, elle cherche, elle espère,
Et, d'hospice en hospice, elle arrive au Jura,
Le typhus seul l'attend et seule elle expira.
Pauvre fille ! Elle était toute frêle et charmante,
Elle semblait, plutôt qu'une sœur, une amante...
J'appris pourtant, plus tard, qu'un tout jeune amputé
Etait venu là-haut, qu'il s'était arrêté
Demandant cette sœur dont il suivait la trace,
Et sa tombe était là, sous la neige et la glace !
« Je saurai te venger, dit-il, je suis Lorrain.
« Prussiens, je n'ai qu'un bras, mais il sera d'airain.

. . . .

« Ah ! s'ils prennent un peuple, ils n'en prennent pas l'âme.

En prononçant d'une voix vibrante, cet alexandrin si fier et si patriotique, l'artiste très impressionnée s'arrêta un instant, puis elle reprit, commentant sa poésie :

« Cette jeune fille était destinée à devenir une gloire dans les lettres et dans les arts. Elle est morte dans ses vingts ans, laissant une œuvre complète : *Histoire de Jeanne d'Arc enfant*, illustrée par elle-même, de magnifiques dessins, et ce frère qu'elle cherchait sert encore son pays, avec un poignet de moins. »

A ce moment, une certaine agitation se manifesta dans le groupe des officiers : parmi ces derniers se trouvait le héros dont on venait de parler : le capitaine Pau... Il est aisé de deviner son émotion et celle des amis qui l'entouraient...

Mme Ernst ne soupçonnait nullement sa présence dans la salle, et ignorait même qu'il fût à Sedan ; elle n'eut connaissance de ces faits que dans l'entr'acte suivant.

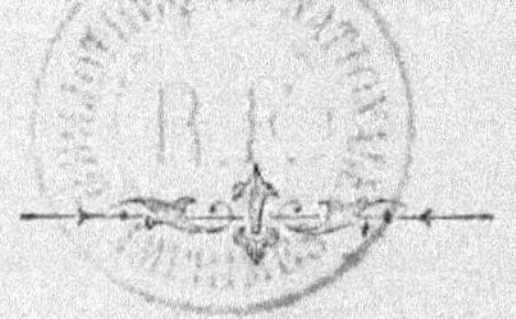

TABLE DES CHAPITRES

TYP. DUCAUX, BEAUMONT-SUR-OISE.

EN VENTE A LA MÊME LIBRAIRIE

EUG. FLORNOY. — **Madame Craven intime**, avec préface du Vte DE MEAUX. Un joli volume in 12, orné d'un portrait. Prix. . . . . **2** » (franco 2.30)

Le talent de M. Flornoy était merveilleusement approprié à un tel sujet ; personne ne pouvait mieux nous introduire dans l'intimité de *Madame Craven*, et l'hommage qu'il lui a rendu est digne d'elle.

Les innombrables lecteurs du *Récit d'une Sœur* en voudront connaître l'auteur, qui s'y est omise. On peut donc dire que M. Flornoy a donné au célèbre livre suite nécessaire. C'est un heureux début pour la nouvelle collection de *Figures de Femmes*, où doivent prendre place des âmes d'élite que nos contemporains méconnaissent surtout parce qu'ils les ignorent.
(*Le Correspondant*)

ANDRÉ PAVIE. — **Madame Swetchine intime**. Un joli volume in-12, orné d'un portrait simili-gravure.
Prix . . . . **2** » (franco 2.30)

Si fines et si précieuses que soient certaines pensées de Mme Swetchine, si sérieuse et si touchante que soit sa correspondance, on peut dire pourtant que sa plus belle œuvre, ce fut encore sa vie. Et M. André Pavie nous conte cette vie avec le talent délicat qui convenait à un tel sujet. On y voit toute l'influence bienfaisante que peut exercer une grande âme de femme. Plus proche de nous, en son intimité révélée, l'amie de Lacordaire et de Falloux n'en apparaît que plus admirable.
(*Le Correspondant*)

Cte DE COLLEVILLE. — **Eugénie de Guérin intime,** préface de FRANÇOIS COPPÉE, de l'Académie Française. Un joli volume in-12, orné d'un portrait. Prix **2** » (franco 2.30)

M. de Colleville fait vraiment revivre dans toute son idéale séduction la figure de cette jeune fille, dont le *Journal* est un pur chef-d'œuvre. M. de Colleville a compris et aimé ce caractère d'Eugénie de Guérin, et enchâssé son portrait dans un cadre merveilleux de couleur et de finesse. (*Journal des Débats*)

Mlle PESNEL. — **Marie Jenna intime**. Un joli volume in-12, orné d'un portrait. Prix. **2** » (franco 2.30)

Marie Jenna était la nièce du C[t] Renard, directeur de l'Ecole d'Aérostation de Meudon ; elle avait adopté ce nom gracieux pour la publication de ses œuvres poétiques.

Voici ce qu'écrivait d'elle le poète Mistral : « Je ne crois pas que la femme chrétienne ait jamais exprimé sa joie, son amour, ses tendresses, ses mystiques aspirations, son angélique humanité d'une manière si haute, si éloquente, si gracieuse. »

www.ingramcontent.com/pod-product-compliance
Ingram Content Group UK Ltd.
Pitfield, Milton Keynes, MK11 3LW, UK
UKHW022103260726
13993UKWH00001B/303